U0603289

傅任敢作品选

[法]卢骚（Jean-Jacques Rousseau）

[德]福禄贝尔（Friedrich Wilhelm August Fröbel）

[古希腊]色诺芬（Xenophon）

著

莉娜及其他

教育散译之一

傅任敢 译

上海教育出版社

图书在版编目（CIP）数据

莉娜及其他：教育散译之一 / (法) 卢骚, (德) 福禄贝尔, (古希腊) 色诺芬著；傅任敢译. — 上海：上海教育出版社, 2022.3
（傅任敢作品选）
ISBN 978-7-5720-1378-2

Ⅰ.①莉… Ⅱ.①卢… ②福… ③色… ④傅… Ⅲ.①教育－文集 Ⅳ.①G4-53

中国版本图书馆CIP数据核字(2022)第036739号

责任编辑　董　洪　孔令会
书籍设计　陆　弦

傅任敢作品选
莉娜及其他：教育散译之一
[法] 卢骚　[德] 福禄贝尔　[古希腊] 色诺芬　著
傅任敢　译

出版发行　上海教育出版社有限公司
官　　网　www.seph.com.cn
地　　址　上海市闵行区号景路159弄C座
邮　　编　201101
印　　刷　上海展强印刷有限公司
开　　本　787×1092　1/32　印张 6.875　插页 4
字　　数　100 千字
版　　次　2022年3月第1版
印　　次　2022年7月第1次印刷
书　　号　ISBN 978-7-5720-1378-2/G·1086
定　　价　49.00 元

編　輯　前　言

　　傅任敢（1905—1982），中国现代教育家、翻译家。字苕年，原名傅举丰。1929 年毕业于清华大学教育心理学系，旋至母校长沙明德中学任教务主任。1933 年回清华大学任校长秘书，后奉校长梅贻琦之命，先后于重庆、长沙创办并同时主持两所清华中学，积极开展教育实验，探索现代中学办学经验。1950 年应北京市副市长吴晗之邀，筹建北京市市立第十一中学，任校长。1954 年参加筹建北京师范学院（今首都师范大学）工作，筹建教育教研室并任主任；1961 年调入历史系资料室，从事翻译工作。1978 年后重回教育研究与教学岗位。

　　傅任敢曾言："我有一个热切的企图：希望异域的教育上的经典都能译成中文！"从 20 世纪 30 年代开始，傅任敢先后译出了瑞士教育家裴斯泰洛齐（Johann Heinrich Pestalozzi，1746—1827）的代表作《林哈德和葛笃德》之节译本《贤伉俪》（1935

年)，奥地利心理学家、个体心理学创始人阿德勒（Alfred Adler，1870—1937）的代表作《生活的科学》（1936年），英国哲学家、教育理论家洛克（John Locke，1632—1704）的代表作《教育漫话》（1937年），捷克教育家夸美纽斯（Johann Amos Comenius，1592—1670）的代表作《大教授学》（1939年）以及法国启蒙思想家、哲学家、教育思想家卢梭（Jean-Jacques Rousseau，1712—1778）与德国学前教育家、被称为"幼儿教育之父"的福禄培尔（Friedrich Wilhelm August Fröbel，1782—1852）等人的《莉娜及其他》（1940年）等世界教育经典名著。晚年除从事史学理论、世界近代史、教育心理学等学科的翻译工作外，更致力于中国教育史的整理和研究工作，撰成《〈学记〉译述》《孔子教育思想管窥》等。

傅任敢先生无疑是我国杰出的现代教育理念传播者、实践者和阐释者，他在五十七年的教育实践与研究生涯中，培养了一批优秀人才，探索出宝贵的办学经验，出版了一系列优秀的教育论著与译作，形成了理论与实践相契合，具有自己特点的教育思想，为我国教育现代化提供了宝贵的思想资源。如今，"傅任敢作品选"由我社分批出版，我们可以更为便利、全面和深入地从他那"一笔不苟，而又流畅可读"（何炳松《〈贤伉俪〉汉译本序》）的文字里，丰富教育学识，汲取教育智慧。

《莉娜及其他》初版于1940年3月，为商务印书馆"汉译世界名著"丛书之一。本次重版，即以此版为底本，改用横排简体，同时参考了教育科学出版社2011年出版的首都师范大学"傅任敢教育思想与实践之研究"课题组编的《傅任敢教育文集》，秉持"小而精"、易于阅读与收藏的原则，改进了书籍的开本和装帧。为了保持作品的历史原貌，我们对内容基本不作修改，只在订正个别文字和统一体例方面做了必要的工作；原书人名、地名等专名以及概念、术语等的译法与今之习惯用法不一致处，亦不作改动，只在全书内保持一致，必要处作注释，以备读者阅读；原书标点有些与今天的习惯用法存在差异，在可能影响理解处作适当改动；若确系排印舛误、数据计算和外文拼写错误等，则予以径改。又原书第112—114页插入多幅图，似与文本无关，未排入。如有疏忽，敬请读者批评指正。

须加一笔的是，傅任敢先生的大量教育资料、文稿、书籍曾于特殊时期损失殆尽，如果没有傅任敢先生的夫人杨仁女士晚年在20多年的时间里辛苦搜集和整理，傅任敢先生的很多作品，我们今天是无法看到的。其中有些作品，如《〈学记〉译述》《教育漫话》《大教学论》等教育经典名著，傅任敢先生晚年于重病中重新校订，都是由杨仁女士逐字逐句念出来，再将傅任敢先生的修改意见誊录后完成的。

为便于读者了解本书要旨，特邀请首都师范大学王长纯教授撰写跋附于卷末，以飨读者。

在我们编辑出版过程中，傅任敢先生的三位女儿傅平生、付渝生、傅乐生及首都师范大学王长纯教授给予了大力支持，在此一并致谢。

上海教育出版社教育与心理出版中心

2022 年 2 月 23 日

莉娜及其他（教育散译之一）

傅任敢（1905—1982）

傅任敢与夫人杨仁（1981年）

谨以此译纪念亡妹傅举端女士

我有一个热切的企图：希望异域的教育上的经典都能译成中文！这个译本就是我这种企图的尝试之一。——在此以前，同类的书我已译出裴斯泰洛齐的《贤伉俪》、洛克的《教育漫话》、夸美纽斯的《大教授学》①列入商务汉译世界名著。——不过我是一个时力两绌的人，万一译文有什么漏误生疏之处，敬以至诚希望一切善意的指教。

_____

① 《大教授学》即《大教学论》。——编者注

目录

汉译者序

这个译本是我的系统译作的第四次尝试——最初译的《生活的科学》除外——但是把这三篇文字合成一个册子出版，却是一个偶然的遇合。

头一篇是卢骚（J. J. Rousseau）[①] 的《朱丽叶》（*Julie*）的节译，采自 Archer 的 *Rousseau on Education* 一书。卢骚是教育史上一个划时代的人物，这是谁都知道的。谁都知道他在政治思想与教育思想上各有其伟大的贡献。在政治思想上，他的杰作是《民约论》；在教育思想上，他的杰作是《爱弥儿》，此外散见的有他的短篇信札和他的长篇小说《朱丽叶》中的一大

[①] 卢骚（J. J. Rousseau），今译"卢梭"。——编者注

段对话。《朱丽叶》是一七六一年出版的一本小说，全书用对话和信札写成，其中一大段借着佛尔曼夫人的口吻，畅论家庭教育的理想与方法，是《爱弥儿》以外的最重要的材料。《爱弥儿》已经有了中译本，所以我把《朱丽叶》补译出来。卢骚的思路与方法在现在看来也许不一定完全适用——其实有一大部分还是适用，看了本文就可以知道——但是他的精神与影响却永远是伟大的！

第二篇是福禄贝尔（F. Froebel）的《莉娜是怎样学会读书写字的》（*How Lina Learned to Write and Read*），采自福氏的《幼稚园教学法》（*Pedagogics of the Kindergarten*）。福氏是幼稚教育的鼻祖，无待介绍。他著书很多，最重要的是《人的教育》（*Education of Man*）。关于幼稚教育的方法方面的著作则有这本《幼稚园教学法》。我因为喜其最后一章流利可爱，所以提先译了出来。中途会承国内一个重要的教育团体的负责人的鼓励，叫我译完全书，交给他们出版；我也本有此意。不过近来琐事颇多，一时不能完成。因它与上篇同是教育文艺的形式，

莉娜及其他（教育散译之一）

同为名家名作，同论家庭教育，故此放在一道。文中所举的例子虽是德文，我们不能完全仿用，但是其中蕴藏着的原理原则，和它所表现的家庭里面的亲爱快乐的精神，却是每个教师与父母都用得着的。他主张利用儿童的好奇心，使儿童相互学习，学习的时候要从已知到未知，父母家人也要担负教育儿童的责任，家庭里面应当充分具有和爱快乐的空气等等，都是千古不磨的真理。

第三篇是色诺芬（Xenophon）的《赛拉斯的教育》（*Education of Cyrus*），采自 H. G. Daykins 的英译本。我们知道，希腊前期教育的特色是国家社会主义，后期的特征是个人主义。在后期，文化兴盛而政治退步，于是当时的哲人便各个提出救济的方案，而各种方案又全着重在教育制度的改进。这些哲人及其方案之中，最重要的有柏拉图的《共和国》，主张用一种贵族社会主义，作为获取个人的德行与国家的公道的工具；具有亚里斯多德① 的《伦理学》与

---

① 亚里斯多德（Aristotle），今译"亚里士多德。"——编者注

《政治学》，描写一种理想的国家及其教育制度；最后，有色诺芬的《赛拉斯的教育》，主张采用一种斯巴达式的教育去代替旧有的雅典教育。《赛拉斯的教育》是一本长篇政治小说，描写一个理想的统治者的教育。其中第一篇的前半对于这一点说得最详细。此外于狭义的一般教育无甚申述；所以我只译了第一篇。这是一本有趣的书，译去不忍罢手，所以，把第一篇全译出了；不过因为全书与我无大关系，不想全译，便把它与上二篇一同放在此处出版。

所以，这三篇译文之放在一道印行，只是一种偶然的遇合而已。不过放在一道也不是全然没有理由的，因为三者同为名家名作，同系教育文艺的形式，而前两篇且又同论家庭教育之故。

朱丽叶（节译）

卢骚

卢骚先生像

（采自：今代世界六十名人）

《朱丽叶》(*Julie*)，一七六一年出版，是由许多不同的角色所写的一串信札构成的一个故事。在其中的一封信札里面，卢骚利用那个机会，呈现了一幅贤明的父母教育子女的理想的画图。朱丽叶，佛尔曼夫人（Madame de Wolmar）在对信札的作者描写她的方法，他力持通行的见解，但是终于被说服了。

一、儿童与成人的分别：理智的缺乏

"我知道，"我说，"上天使得子女的心性纯良，这样去酬谢母亲的德行；但是一个纯良的心性是需要训练的。他们的教育应从生下就开始。小时候没有印象需要去掉，难道此外还有比这种时候更适于训练他们的吗？假如你让他们从小放任他们自己的倾向，你在什么时候可以希望他们学会服从呢？当然最好是在你没有别的事情可教他们的时候去教他们服从你。"

"你发现了他们不服从我吗？"这是答复。

"那是难得发现的，"我答道，"因为你从来不去命令他们。"

她望着她的丈夫，微笑着；然后她又携着我的手，领我走到她的私室，使我们三个人可以继续在那里谈话，不被孩子们听见。她在这里有工夫说明了她的原则；我在她显然没有注意的时候，已发现了一位母亲的爱心所能给予的最当心的注意。

"以前很多时候，"她说，"我是同意你的及早开始的说法的。当我快生第一个孩子的时候，我想到我的临近的责任就感到惊慌，我常常焦虑地和佛尔曼提到这种种责任。在这种事情上面，除了一个具有父亲的关系，同时又有一个哲人的不偏不倚的态度的开明的旁观者以外，我到哪里去找一个更好的向导呢？

他超过了我的期望。他消散了我的成见，告诉我怎样才能少受烦累，多多得到成功。他使我明白，最早的、最重要的教育恰恰就是到处都被忽视的一点，就是把儿童放到一个能受教育的地位。一般自命明达的父母有一种一般的错误，就是以为儿童生下来便是具有理性的动物，好像他们是些成人似的，去与他们谈话，甚至在他们能够说话以前就竟这样去谈。他们把理智看作一个教导儿童的工具；实则其他一切教导的工具应当当作发展他们的理智的工具。理智在一切人类的能力里面是出现得最迟的，是最难训练的。我们这样一早便用他们所不懂得的文字向他们谈话，我们就使他们习于有了文字便感到满足，挪同样的态度去对待别人，对于一切说给他们听的事项全爱吹毛求疵，以为自己和自己的先生是一样的聪明，并且变得好辩强嘴。而且，一切我们自以为是用理智作动机去说服他们的事情，实际只是用畏惧或虚荣心作动机，得到的，虚荣心在我们总是不能不把它和畏惧连在一道的。我们用这种方式去教育一个儿童，那是最大的忍耐也会有时而穷，会把那个儿童弃置不顾。所以做父母的人对于自己应当负责的无穷无尽的淘气的情形感到疲惫、灰心，费尽了气力之后，并且因为不能再受他们的儿童的吵闹之故，迫得只好把孩子交给导师，好像希望导师比父亲具有更多的忍耐与慈爱似的。"

"自然的意思是，"朱丽叶接着说道，"儿童在变成成人以前，终应是儿童。假如我们违背了这种秩序，我们所产生的便是一种迫成的果实，没有味道，没有成熟，也没有耐久的力量；我们造出的是少年的哲人，衰老的孩子。儿童时代自有儿童时代的特殊的看法、想法和感觉的方法。希望用我们自己的方法去替代乃是一件最傻不过的事；我宁愿一个儿童十岁的时候有五呎高，不愿他能推理。"

"理智要等过一些年月，等至身体发展到了某种阶段，方才开始发展的。自然的目的是在运用心理以前，先去把身体弄强壮。儿童总是动弹不息的；安静与沉思是他们所厌恶的；用心的或静坐的生活对于他们的健康与生长是有损害的；他们的心理和他们的身体，全都受不了束缚。他们若是常常和书本一道关在一间屋子里面，他们的精力便会通通失掉；他们变娇变脆，变文弱，变得不健康，变得愚蠢，可是不能变得有理性：他们的身体弄弱了。因此他们的心理便会终生终世吃大亏。"

二、自然不会有错误：个性

"这种过早的教导对于心理实际是有损害的，即使它也同样的有好处，但是不分青红皂白地，不顾儿童的个性的差别去给予一切儿童仍旧是一种重大的错误。每个人生来的时候除了人类的一般特性以外，他还具有一种特异的性质，去决定他的才能与性格。这种性质没有改变或限制的问题，只有训练它，使它变得完善的问题。一切性格（按照佛尔曼的看法）的本身都是良好的，健康的。他说自然不会有错；我们归咎于天性的一切过误都是天性所受的不良训练的结果。罪人的倾向如果曾经得到过较好的引导，他们是没有不能产生巨大（重要？）的德行的。失败的人如果得到过正当的影响，在他身上，有用的才能是没有不能发展起来的，正同残缺的、难看的形状摆在适当的地位去看便觉美丽匀称是一样。一切事物全是倾向着大规划中的共同利益的。

朱丽叶（节译）

人人都在宇宙的理想的秩序中各有其特殊的地位；问题只在找出他的地位，不在改变宇宙。那种从人生极小的时候就开始，永远依据同一个方法去进行，一点不顾到人心的异常的分别的教育，结果能有什么呢？结果通常是把有害的，或者用之不当的教导给予儿童，而真能适合他们的教导却被剥夺掉了。他们的本性在各方面都受到限制；心理的重要的品性因为避让细微的、俨然的、非真实的替代，便给毁了。我们不分青红皂白地使得倾向不同的儿童去作同样的练习；他们的教育的下余的部分便把特殊的倾向给破坏，结果便是乏味的一致。我们浪费我们的努力，阻碍了本性中的真实的才能以后，结果，我们所看见的便见短命的人，和我们所替代的虚幻的光辉的死去，而我们所已毁灭的天赋的能力却是再也恢复过来不了了。我们失去了我们所已毁灭的，我们也失去了我们挪来代替它的；最后，我们便得到了我们的用之不当的劳力的报酬：我们发现这些小神童全在变成没有力量、没有价值的成人，值得注意的只是他们的无用与脆弱。"

"这种种箴言我是懂得的，"我对朱丽叶说，"但是你所说的，发展每一个人的天分与固有的才能，在他个人的幸福上面，或在社会的真正福利上面都有一点点好处的意见。我很难得使他们与你表示同感。假如我们作成一个有理性、有德行的人的完善的模范，依据这种模范，用教育的方法把每个儿童去范成，那岂不好得多吗？有些儿童我们应当加以激励，有些我们应当加以约束；我们应当制住他们的情欲，完成他们的理智，改正他们的本性——"

"改正本性？"佛尔曼打断我的话，说道，"好漂亮的一句熟语！但是你在用它以前，你应当答复朱丽叶刚才所说的话啊。"

我觉得最直接的答复是从原则上加以否认；因此我便否认了那原则。"你老是认定个人之间的心理上与能量上的分别是本性的产品；这是全然不确的。因为，假如心理各不相同，它们便当各不相等；假如本性使得它们各不相等，那便一定是由于本性对于某些人给了比较敏锐的感觉，或是比较巨大的记忆，或是较大的注意的能量。关于前两项，感觉与记忆，经验已经证明它们的各种范围与确度并不足为人类高级心理能力的度量；至于第三项，注意的能力，那便完全是以激动我们的感情的强度为转移的。此外经验又已证明，人类天生是人人可以具有强烈的感情，够去引起心理占得优势所必需的注意的。但是，假如心理上的分别不是起因于本性，而是一种教育的效果——这就是说，是我们小时候感官所遇的事物，所处的环境，和所受的一切印象在我们身上所生出的各种观念与情绪的效果——那么，我们便绝不应当把教育推延到我们知道儿童的心理的性格以后，我们应当利用最早的机会，运用一种以产生正当的性格为目的的教育，去创出正当的性格。"

他对于这一点的答复是，说，他不能因为不能解释他所看见的事情便去否认那些事情。"你看这院子里的两只狗；它们是一窠生的，是同样地喂养，同样地对待的，它们从来没有分离过；但是其中一只是生气勃勃、活活泼泼、友善聪敏的；另外那只却是沉闷、沮丧、脾气很坏的，什么都不懂得。它们的性格上的分别全是由于天性不同之故；人类也是一样的，心理上的能力的分别纯是由于内部组织不同之故；其余一切通是一样。"

"通是一样！"我插嘴说道——"其实乃是何等的不一样啊！多少细微的事物影响了这一只，但是没有影响那一只！多少细微的境遇在我们不知不觉之中，使他们受到了不同的影响啊！"

"好的！"他答道，"你说到了那里，简直像占星家一样在辩论。占星家每逢人家提出辩论，说两个人的八字一样，为什么命运却远不相同，他们便根本否认那同点。他们坚持地说，天体的运行既然迅捷，两人之间的距离实际是很巨大的，说，假如我们能够指出他们出生的确定时刻，反驳便会变成证明。我求你，让我们放弃这种种狡猾，把我们自己限制到观察的范围以内吧。"

事实上观察告诉我们，说，有些性格差不多出生以后就可以看明白，有些儿童在他们的看妈的怀内的时候就可以去研究。这是单独一种——他们从出生起始就在受教育。但是其余的儿童发展得便没有这么快。我们若是没有懂得他们的心理，便去训练他们，我们便有毁灭本性中的良好的品质，代以劣等品质的危险。你的老师柏拉图岂不有一种主张，认为一切人类的知识和一切哲学都不能够从一个人的心灵取出自然所没有放进去的任何东西，如同一切化学的作用不能从一种合金取得多于它所包含的金质一样吗？这种道理不能适用于情操或观念；但是可以适用于我们的获得它们的能量。你要改变心理，你便必得改变内部的组织；你要改变性格，你便必得改变性格所依据的性质。你曾经听说过一个性情暴烈的人变成恬静，或是一个冷静有条理的心理变得好逞幻想吗？在我自己说来，我相信若是一个傻子能够变成一位天才，则一个黄发碧眼白肤的人也便一样容易变成一个黑发黑眼褐肤的人儿了。所以，我们说我们能用一个共同的标准去铸范不同的心理，那是没有用的。我们能够阻遏它们，可是不能够改变它们；我们能够阻止人们显示他们的本来的面目，可是我们不能够使他们另外变成一个样子；假如他们在他们的日常生活里面戴上了假面具，到了一切重要的时机，你便可以知道，他们就会恢复他们的本来的性格，投降在它的跟前，因为他们并不自知那种性格的存在。再说一回吧，我们的问题不在改变性格，或者改变本性中的倾向，反之，问题是在尽量把它们扩展，给它们训练，不许它们堕落；因为，这样一来，一个人就能长成他所能成的样子，本性的产品就由教育给完成了。所以，在发展性格以前，我们应当研究性格；我们应当安静地等它自己显露出来，宁可制止一切行动，不可错动。甲种性质需要放任，乙种性质又需加以制裁；某种性质需要鼓励，别种性质又需加以束缚；某种需要赞扬，另外一种又需恫吓；有些我们应当加以启迪，有些应当使其无知。这个人生成应当达到人类知识的最高限度；另外一个人则学习读书都有危险。我们应当等待理智的第一个火星去把性格显露出来，去表明它的真实的形式。我们唯有得到了这种知识，我们方能训练性格。在理智出现以前是没有真正的教育可说的。

"至于你所认为矛盾的，朱丽叶所说的格言，我不知道你在什么地方看出了有矛盾；在我自己说来，我觉得它们完全是合适的。每个人生来各自有其特异的性格、能力与才能。凡是注定要过乡村的简单生活的人，他们要得幸福是用不着去发展这种种才能的；他们的才能埋伏在暗地里，好像发累（Valais）地方的金矿埋在地下，为公众的利益起见，不准开采一样。但是在文明的国家里面，用手的需要比用脑的需要少，人人都应当把自己的全部才能提供给自己与别人，所以我们应当学着去把自然培植在人们身上的一切提取出来；我们应当使他们走向他们最能得到发展的方向；我们尤其应当为他们的倾向预备一种可以使得倾向变成有用的营养。对于乡里人，我们想到的只是他们那个阶级；他们每个分子所做的事情都和别人是一样的；榜样是他们的唯一的规则，习惯是他们的唯一的力量；他们人人只去使用他的心理中的人人共有的一部分。对于生长在文明社会的人们，我们想到的便是个人；我们使得每一个人除了他的伙伴所有的以外，又去具有他能具有的一切；我们使他尽着本性让前进的限度去前进；假如他有应有的品性，他是可以变成生人中的最伟大的一个人物的。这些格言很少矛盾之处，它们在儿童时期的应用上是一致的。你不要去教乡村的儿童，因为他根本没有学习的兴趣。你不要去教城市的儿童，因为你不知道什么教导对于他有益处。在这两种情形之下，全都要在理智出现以前，让身体去发展；理智出现以后，再去训练理智。"

三、自由：不是驯服，也不是命令

"你的计划，"我说，"倘若我不是发现了其中有一个缺点，严重地毁损了它的预期的好处，我看倒是非常之好的。这就是，你不用良好的种子去占住一块土地，因此让不良的作物在那里去生长。你且看看那些自己作主的儿童吧：他们看了过误的榜样，他们不久便全学会了那些过误。不良的榜样是容易学样子的；他们从不模仿合乎道德的行为，因为这种行为实行起来费事得多。他们习于获得自己所要的一切事物，习于定要实现自己的愚蠢的目的，他们因此便变得暴躁，刚愎，不易管束了。"

朱丽叶（节译）

"但是，"佛尔曼答道，"你似乎是在我们的孩子身上看出了不同的结果似的；事实上这是引起我们现在的谈论的啊。"

"我承认，"我答道，"这就是我之所以觉得惊奇的缘故。你的夫人到底是怎样使得他们变驯服的呢？她是怎样得到对于他们的支配的呢？她用来代替训律的羁绊的又是什么呢？"

"那是一种较此远为坚强的羁绊，"他立刻叫道，"那是由于需要所产生的羁绊。但是，假如她肯述说她的方法，她可以使你对于她的见解懂得更明白呢。"于是他便要求他的夫人给解释她的方法。她略微停了一停，她便开始说道：

"幸福的秘密是一个纯良的心情。我对于我们的训练不像我的丈夫那么注重。虽则他有他的理论，但是我很怀疑我们能不能从一个不良的性格得到良好的结果，怀疑是不是每种心情都能变得良好。否则我会相信他的方法是美好的，我对家事的处理便会始终按照他的方法去执行。我的第一个祈祷是我绝对不要得到一个恶劣的孩子，我的第二个祈祷是希望自己能把上帝给我的孩子在他们的父亲的指导之下养育起来，使他们有朝一日能有像他似的幸福。所以我曾设法去执行他所定下的规则；但是我对于那些规则给了一种哲学的意味较少，较合于一个母亲的爱心的基础——为的是使我的孩子们得到幸福。这是我做母亲时的第一个祈祷，我的努力永远在求它的实现。当我把我的第一个孩子抱在怀里的时候，我便回想到，在寿命最长的人生里面，儿童时代也差不多占去了四分之一。我们很少有人能够达到下余的四分之三；为得求取那余下的，也许是永远不能为我们所有的部分的幸福，便去牺牲这第一部分的幸福，那是一种残酷的远虑。我觉得，自然已经使得可怜的、无助的儿童受到了许许多多的束缚，若是我们再因我们的任性，再去加上一层束缚，把他们所有的，很少机会去误用的自由剥夺，这是一种残酷。我决心尽我的能力，为我自己的孩子免除一切束缚，让他完全有用他的微小的力量的自由。不去阻遏他的任何本性中的倾向。这样一来，我便已经得到了两宗巨大的好处：第一，我保全了他的幼稚的心理，使它没有受到欺骗、虚荣、愤怒、嫉妒的侵害，总而言之，就是使它没有受到奴性所产生的，我们如要强他服从所不能不灌输的一切邪恶的侵害；第二，我使他的身体常常照他的本能所促使的运用，去自由地生长。他恰似一个乡下的孩子，惯于光着头在阳光与霜雪之中去奔跑，喘不过气，出满一身的汗；这样，他就像乡下的孩子一样，受得起气候的变化，变强壮，也变快活了。这就是为成熟作准备，和防备我们人人所有的意外的法子。我已经告诉过你，说我惧怕这种致命的焦虑，它用不断的预防使得一个儿童变脆弱，用不断的束缚使得他受苦恼，用许许多多无用的防卫使得他被束缚。结果终于使他终生终世暴露在那些不可避免的，当时亟需使他免受侵害的危险的跟前；它为得要在儿童时代使他少受几次风寒，便替他的将来留下了肺痨、肋膜炎、中暑和死亡的根源。

"放任自己的倾向的儿童之所以常常学会了你所提到的过误，实在的原因是因为他们不独要做自己爱做的事，而且还想设法使得别人参加他们的愿望。

这种倾向得到了母亲们的愚蠢的溺爱的鼓励；除非人人参加她们的孩子们的幻想，她们便不感到满足。我很自负，我的朋友，你从没有在我的孩子们身上看到一点点对于最低贱的仆人的统治或权威的痕迹，你从来没有看见我在暗地里鼓励过仆人们爱对儿童去表示的不当的奴性。在这里，我觉得我在走着一条新鲜的安全的道路，去使我的孩子们同时达到自由、安静、亲爱和服从的地步。这是一个极其简单的计划；只在使得他们知道自己只是一些儿童而已。

"我们只要想想儿童时代的情形就够了。世界上难道还有别种动物比一个儿童更脆弱，更没有保护，更任环境去摆布，更需要怜、爱与保护的吗？难道这还不是一个理由，表明自然所唤起的第一个声音为什么是啼哭，表明自然为什么给了他这么甜蜜可亲的一副容貌，使得凡是接近了他的人们无不同情他的脆弱，跑去给他帮助吗？然则我们看到一个好胜倔强的儿童指挥他的周围的一切事物，不知羞耻地对于那些离开了他就可以使他死灭的人们摆出一副主子的腔调，看到盲目的父母鼓励这种胆大妄为的情形，训练他，使他变成他的看妈的专制魔王，一直弄得他在他们自己身上施行专制为止，难道世界上还有比这更可惊，更不自然的事情吗？

"在我说来，我是没有爱惜过气力，去阻止我的儿子，使他不要获得这种关于统治与奴性的危险的观念的。我从来不让他觉得自己被人服侍是一种权利，我只让他觉得那是由于被人怜悯之故。这也许是教育上最重要而又最困难的一点；至于我怎样防备他们，使他们不因一种现成的本能，分出佣人的被雇的服务和母爱的照拂，那若细述起来，话便太长了。

"我已经说过，我所用的一个主要的方法是，使他彻底明白，像他那种年岁的孩子若是没有我们的帮助，那是活不下去的。我这样做过之后，我就毫无困难使他明白了，他所必需从别人去接受的帮助乃是一种依赖的表示，仆人们实际是强过他的。他不能没有他们的帮助，但是他并没有用服务去报答他们。所以，他不独不因他们的服侍而自负，他反而用一种屈辱的态度去接受他们的服侍，认为那是他的脆弱的证明；他热切地希望有朝一日自己长大，长强壮，能够长到有替自己服务的光荣。"

我说："在那些父母的本身也与儿童一样被人服侍的家庭里面，这种种观念是不容易建立起来的；但是在这个家庭里面，从你们的本身起，人人都有应尽的责任，主仆之间只是一种长期交换需要与服务的关系，我倒并不觉得这是不可能的。但是我不明白，假如儿童的真实的需要惯于得到预赏，为什么他们对于他们的幻想不会希望得到同样的满足；有时候一个仆人把一宗真实的需要弄错了，当作幻想去对待，为什么他们不会感到苦恼。"

四、支配：父母对于子女的关系

"我的朋友，"佛尔曼夫人答道，"一个无知的母亲是在一切事情上面都可以感到困难的。儿童与成人的真实的需要通通都很少。并且我们应当多关心永久的幸福，少关心一时的幸福。难道你觉得一个不受束缚的，在他的母亲的照顾之下的儿童能从一个保姆的错误受到任何真实的伤害吗？你的反驳的假定是儿童业已习得了过误，但是你忘记了我在事前的预防已经防止了它们的生长。妇人天性是爱儿童的，只有到了一方要由自己任性去使对方屈服的时候，他们彼此才会发生误会。但是在我们这里，这是不会有的事情：我们没有事情要向儿童需索，儿童也没有机会去命令保姆。我的做法是这么直接和别的母亲们相反的，她们貌为希望儿童服从保姆，实则乃是希望保姆服从儿童。在这里，谁也不发命令，谁也不服从；孩子只是对于别人怀着好意，因而再从别人得到同样的好意而已。他知道他对左右诸人的力量全靠他们对于他的好意，这就使他变得驯良恳挚了；为得要得别人的怜爱，他也就爱别人。一个人为要求被人爱，他就会去爱人；爱是利己心的不可避免的结果：从这种相互的爱——平等的结果——我们时常训诫所不能获得的一切德行便都不费气力，可以产生出来。……

"青年人因为从出生起始就被溺爱，人人对他们表示体恤，容易满足他们的欲望，于是涉足社会的时候便存着一种愚蠢的成见，以为一切事情都当迎合他们的幻想，他们常常只能在受到屈辱、侮慢与痛苦之后，才能打破迷梦。我希望我的儿子不要受到这第二次的令人受苦的教育；这唯有他在我的手里所受到的第一次的教育使他对于人生具有一种较为正确的见解才能做到。最初，我本来打算凡是他所要求的事物，我都一概给他，因为我相信本性的最初的提示总是良好的、健康的。但是不久我便发现了自以为有被人家服从的权利的孩子们差不多出生以后就放弃了本性的状态；他们从我们的榜样取得了我们的邪恶，从我们的轻举妄动取得了他们自己的邪恶。我知道，倘若我去满足他的一切幻想，这些幻想便会和我的溺爱一道增长，总有一个时候我会被迫停止我的溺爱，那时他便会更要根本反对，因为他不习惯。我在他没有达到具有理智的年岁以前，我是不能使他全不失望的；所以我便选定了最小、最不长久的一个方式。率直的拒绝的残酷的成分是最少的，于是我便决心立刻去拒绝；不过为得免他长久不快乐、诉苦和刚愎起见，每次拒绝便都不能更改。事实上我是尽量少去拒绝的，要拒绝也得事先再三想过。我每逢答允他的请求，我便没有条件去答允，请求之后立刻便答允；我们大量地答允他们。但是他从来不能用强求的方式去得到——眼泪和阿谀是一样的没有用处。他很明白这一点，所以他再也不试了：说了头一个字，他就懂得了他的地位，我们拿去他所想吃的一盒糖，在他看来并不比见了他所想捉的鸟儿跑了更不快乐。他把两种享受都看作是不可能的。如果我们从他拿去了什么东西，他只觉得那是不能由他去保持的；如果他的请求被拒绝了，他只觉得那是他所不能得到的；他不独不因在桌子上受了伤便去打桌子，而且有人抗拒了他，他也不会去打那个人。在他的一切失望里面，他看得出'需要'的力量，他知道那是自己脆弱的结果，决不是由丁别人不怀好意。'再等一等吧，'她略微急迫地接着说，因为她知道我要答话了，'我事先就看得出你的反驳；等一等我就要说到了的。'

"儿童性情不良的原因是由于我们对于他的注意；无论我们答允他们的请求，或是拒绝他们的请求，这都是一样的。如果一旦他们知道了我们不愿他们啼哭，他们便会整天的啼哭。我们用来使得他们变安静的方法，无论是安慰或威吓，都是同样的有害，差不多都是常常不生效力的。在我们注意他们的流泪的时候，他们便有一个继续流泪的理由；他们若是知道没有一个人理会他们，他们不久便会改良；因为无论老幼，没有一个人是愿意蒙受无用的痛苦的。我的大点的那个孩子的情形恰恰就是这样的。最初他总是爱哭；他惯于把一家子弄得震耳欲聋；现在呢，这是你所知道的，谁也不会知道这屋里有一个孩子。他受了痛苦的时候就啼哭；那是自然的呼声，是不应当使它静止的；但是痛苦一过，他就不哭了。我十分注意他的流泪，因为我相信他是从不无故流泪的。这样，我便时时知道他是不是有痛苦，是不是健康；这在任性啼哭，单为求取安慰而啼哭的孩子们是不可能的。我很承认，要使看妈与保姆采用这种计划是不容易的；因为没有什么事情较之听到一个孩子常常啼哭更烦腻，这些好女人的眼光是从不看出现在以外的，她们忽略了一宗事实，就是今天使孩子安静下来便等于明天使孩子更哭得厉害。但是最坏的结果是在养成顽梗的习惯，可以延长到若干年月，使得他在三岁的时候性情暴躁的原因就可以使得他在十二岁的时候倔强顽梗，在二十岁的时候斗口好辩，在三十岁的时候专制暴虐，终生终世，令人忍受不了。

"现在我说到你的问题了，"她微笑地说道，"你每逢答允孩子们的请求的时候，他们是容易知道你之想要取悦他们的；你每逢从他们取去任何事物，或者拒绝他们的请求的时候，他们不必询问你的理由便当觉得你是有理由的。这两种情形如果任何一种有了必要，你用威权而不利用劝说，这又是一宗好处：因为他们有时候是不会不能看出我们的待遇的理由的，所以到了他们不能看出理由的时候，他们自然会觉得我们有理由。反之，假如一旦你把你的行动交由他们去判断之后，他们便会随时要求他们的判断的权利；他们变得好辩、狡猾、诡辩、卑劣，对于那些懦弱得把自己暴露在他们的无知的跟前的人们，总想给制住，不让作声。假如你迫得要向他们解释他们不能懂得的事项，他们便把最有理性的，超过了他们的理解的行动诱为任性。总而言之，唯一可以使得他们服从理智的方法就是决绝不要和他们去讲理，只须彻底使得他们相信推理不是他们的力所能及的：那时他们就会假定理智是在应在的那一边，除非你把有力的根据给他们，使他们另作一种想法。假如他们相信你爱他们，他们就会十分明白你是不愿使得他们不快乐的；他们对于这一点是少有弄错的。所以，我拒绝我的孩子们的请求的时候，我并不和他们辩论，我并不告诉他们我为什么不肯给予，我只在可能的范围以内，想法子使他们自己把理由找出来，有时在事后去找出来。这样，他们就习于知道我之拒绝一个请求从来不是没有充分的理由的，虽则他们不能次次发现我的理由。

"根据同一原则，我绝对不会让我的孩子们去加入有理性的人们的谈话，以致因为他们容忍他们的傻话，便傻头傻脑地自以为是和他们立于平等的地位的。我希望有人向他们发出问题的时候，他们应当简明地、谦抑地作答，但是没有人向他们说话的时候，他们绝对不可说话，尤其是对于他们所当尊重的长上不可发出愚蠢的问题。"

"真是，朱丽叶，"我插嘴说道，"这是你这么和蔼的一位母亲的严肃的规则。彼塔哥拉斯（Pithagoras）对他的学生都没有你这么严格啊。这不独是因为你不把他们当作成人看待；人家简直会觉得你怕他们停止其为孩子得太快呢。孩子假如不知道什么，除了去向知道的人发问以外，难道还有更快意、更可靠的学习的方法吗？对于你的格言。波斯的妇人们会要发生怎样一种想法呢？她们决不觉得她们的孩子们会说得太多，或是说得太久；她们认为他们的幼稚的胡说乃是成熟的才力的一种表征。你的丈夫自然会说在一个最看重语言的流利的国度里面，这才是合适的；在那种国度里面，一个能说的人是可以不必运用思想的。但是你是亟于使得你的孩子们变快乐的，你怎样能够把幸福与这么多的束缚弄得并行不悖呢？在这种种限制之下，你所说要留给他们的自由又将如何呢？"

"什么！"她立即答道，"我们防备他们侵害我们的自由，难道他们自己的自由便受了限制吗？难道除了在座的人全都默默地倾听他们的瞎扯以外，他们便不能够得到快乐吗？你应阻止虚荣心的发生，至少也要止住它的进行；这才真是为的他们的幸福！虚荣心是人类的最大的烦恼的根源，如果虚荣心没有使得一个人多受痛苦，少得快乐，他便是一个最伟大、最可歆羡的人物。

"一个孩子看见自己的身旁绕满着一群有理性的人们，听他说话，鼓励他，钦佩他，紧张地，迫不及待地等着他的口里说出来的圣谕，每逢他说一句傻话便都喜得发狂，那孩子对于自己会起怎样一种想法呢？这种虚假的恭维是够力量使得一个成人的脑袋发昏的；你且想想它对孩子会有怎样一种效力吧！……

"至于发问一层，我并不是不分青红皂白地禁止他们的。我第一要使他们（假如他们需得知道什么事情的话）安静地发问，尤其是问他们的爸爸和我自己的时候是如此。但是我不让他们在一段正经的谈话中间去插嘴。不让他们把脑子里最初所想到的无谓的事去烦扰一切的人们。发问的艺术不像思想一样容易。与其说它是一种学生的艺术，不如说它是一种教师的艺术。你必定先得知道好些事情，才能问你所不知道的事情。有一句印度的谚语说，哲人知事，问事，但是无知的人便连问都不会问。因为没有这种作底子的知识，则儿童所不分青红皂白地问出的问题不是蠢不解事，便是毫无目的，再不然便是困难棘手的问题，对于它们的答复不是他们所能理解的。这就是为什么他们常常能从别人所问的问题得到多于他们自己所问的问题的知识的理由。

"但是我们不妨假定与此相反的方法果如一般人所假定的，是一样的良好吧。然而在他们这种年岁的时候，学着少说话，学着谦抑，岂不仍是最基本而又最重要的一个教训吗？难道他们还应当学习别种教训来妨碍这种教训吗？究其实，儿童这样差不多在能说话以前便去自由说话，这样胆大妄为地去盘驳别人，他们到底又能得到什么呢？他们变成了爱好空谈的小小审问者，问的不是为知识，而是为要引起别人的注意，使得人人都去注意他们；他们的不谨慎的问题引起了明显的困惑以后，他们在多嘴方面便更得到了鼓励，弄到后来，人人看到他们开口便不舒服。多嘴对于教导他们的效力很小，但是对于使得他们好虚荣、变自负的效力很大，据我看来，害处比好处大得多。无知的情形一定可以减少，虚荣一定只会增加。

"缄默过久的最大的坏处是，我的儿子到了知道谨慎的年岁以后，他和别人说话比较会欠流丽，他的谈吐比较会欠活泼，会欠敏捷；但是我一转念，觉得我们这种终生专门搬弄字眼的习惯是可以使得悟性受到严重的损伤的，我便觉得这种良好的限制是一种幸福，而不是一种不幸。懒惰的人们总是厌倦的，他们生成会把使得他们喜悦的事情看得很有价值；但是有人会要想到，取悦别人的艺术是并非不说愚蠢的话语的，除了没有用处的礼品以外不会有别的礼品。但是人类社会是有一个较崇高的目标的；它的真正的快乐是更坚实的。真理的器官是人类最有价值的一个器官，人类之所以异于别种禽兽者，全是因它之故，它之所以给予他们，目的是在他们的发音不清的声音以外的更好的用途。如果他用他的言语说不出一点东西，他便算是把自己贬黜得连别种禽兽都不如了；人类在休息的瞬间都是应当成其为人类的。……

"但是从六岁到二十岁不是一个容易的旅程，我的孩子不能永远是一个儿童，他的悟性愈是增长，他的父亲便愈希望他能得到允许，去运用他的悟性。至于我是管不了这么远的。我养育孩子，可是我并不僭越地要去训练成人。我希望，"她望着她的丈夫，接着说道，"能有更适当的人来担任这件高贵的工作。我是一个妇人，是一个母亲，我知道怎样谨守我的本分。重说一句吧，我所负的责任不是教育我的儿子，而是准备他们去受教育。

"在这种地方，我只一点一点地跟随佛尔曼的方法；我愈是多多跟随，我便愈觉得那是一种健全、美好的方法，是和我自己的方法深相符合的。你且看看我的孩子们吧。尤其是最大的那一个；你还看见过有更快乐、更愉快、更不讨厌的吗？你瞧，他们整天跳跃，欢笑，奔跑，从来不使任何一个人受到烦扰。他们这种年岁所能享有的快乐与自由，他们哪一点没有呢？他们哪一点误用了呢？他们在我的跟前与背着我是一样不受多少约束的。他们在他们的母亲的跟前的时候反而常常显得更自由；他们所受的严酷虽则都是由我负责的，但是他们总觉得我决不严酷；因为他们若是不觉得我是世界上最可亲的一个人，那我是忍受不了的。

"他们跟我们在一道的时候，我们对他们所定的唯一的一些规则是关于自由的主要规则——对于在座的人所施的拘束不可多于在座的人所施于他们的，不可呼唤大于谈话的声音，我们既不强迫他们注意我们，他们也不可以强迫我们去注意他们。倘若他们违背了这种种规则，他们所受的唯一的惩罚是打发他们立刻走开，我之使得立刻走开成为惩罚的一个方法是使他们对于别的地方没有这么喜爱。除此以外，他们便不受到限制；我们从不强迫他们学习功课；我们从不用无用的惩戒去使他们感到烦厌；我们从不责备他们；他们所受的唯一的教导是经验的简单的教导，在这里，我们是跟随着自然的。屋里的每一个人都很懂得这一点，都能聪敏地、当心

朱丽叶（节译）

地遵守我的教导，所以一切都能如愿；即使惧怕任何失败，有我自己的照拂也很容易防备或矫正。

"比如昨天最大的那个孩子拿去了他弟弟的一只鼓，弄得他哭。方尼（Fanny）当时没有说什么；但在一小时后，她看见他玩得最高兴，于是她便把他的鼓拿去。这回是他哭了。他追随着她，求她退给他。她的唯一的答复是：'你从你的弟弟手里拿走，我又从你的手里拿走。你还有什么可说的呢？我当然比你强啊。'于是她便打着鼓，好像取乐似的，正与他所做过的一样——这都是做得很对的；但是后来她又打算把鼓退还给年幼的那个孩子。于是我便阻止了她；这不是自然的教训了，这可以在他们兄弟之间播下第一颗嫉妒的种子。弟弟失去了鼓是服从了必需的酷律；哥哥也已感到他的不公道，双方都知道了自己的弱点，一会儿功夫便都觉得快乐了。"

五、学习

这样一个新奇的，与一成的观念相反的计划最初使我感到惊奇。但是因为解释的力量，他们竟得到了我的信从，我相信了自然的途径永远是人类的最好的向导。我在这个方法里面所看到的唯一的缺点——看去像似一个严重的缺点——是，它忽视了儿童所完善地具有，而年岁愈长则愈脆弱的一种能力。我觉得，根据他们自己的方法，凡是悟性的作用愈是脆弱，愈是不够，则我们愈当运用记忆，增强记忆，因为记忆在这种年岁是经得起长久的压力的。我说："在理智出现以前，记忆应当代替理智，在理智出现以后，记忆应当使理智变丰富。假如心理没有练习，心理便会因为不用而变迟钝，变愚笨。种子不能在没经耕种的地里生上根；准备要使儿童变得有理智，开始却去使得他们变愚笨，这是一种稀奇的准备的方式啊。"

"什么！愚笨！"佛尔曼夫人立刻叫道，"难道你会把两种这么相异的，差不多是相反的性质，记忆与判断，弄混淆吗？好像我们把大堆大堆没有好好消化的，没有贯串的知识塞入儿童的娇弱的脑际对于悟性并不害多利少似的。我承认，在人类心理的一切能力里面，记忆出现得最早，也最宜于在儿童时代去训练；但是据你看来，应当偏重的究竟是最易学习的呢，还是最需知道的呢？你且想想这种能力通常所作的用途，想想他们所受的强暴的待遇，想想他们为要塞满他们的记忆所受的不断的束缚；然后你再把结果的用处与他们在过程中所受的痛苦比较比较吧。幻想强迫一个孩子去学他所决不需说的语文，甚至他还没有学会他自己的语文以前，便去强迫他学！使他不断地去背诵，去习作他所并不懂得的诗句，而诗句的韵律又只是一种笔头下的花样而已！用他所没有一点点观念的圈儿与方格去把他的心理弄糊涂！用百千种他所常常弄混淆，必须天天重学的城市河流的名目去压迫他！难道这就是为得悟性的好处之故所施于记忆的训练吗？难道这种没有价值的知识抵得上它们使他流出的一滴眼泪吗？

"假如这种方法的最严重的值得我来反对之点只是它的无用而已，则我也不必这么强烈地来抱怨。但是教一个孩子有了字眼就满意，教他对于自己所不懂得的便相信自己已经知道，难道这还是一件小事情吗？难道这种废物还不会阻止我们所当供给人类心理的最早的观念之获得吗？记忆里面与其充满废物没有需用的知识，那还不如没有记忆的好啊。

"假如自然给了……"

"但是你不要以为，"朱丽叶接着说道，"我们完全忽视你所那么看重的那种训练。假如一个做母亲的人有一点点当心，她的孩子们的情感便完全在她的支配之下。她有方法引起，并且支持学习的欲望，或者其他任何别种欲望；只要它们不与儿童的完全的自由相冲突，不播下邪恶的种子，我便立刻利用它们。但是成功若不伴着来到，我也并不感到烦闷；学习的时间总是有的；不过在心性的形成上面，那是一刻的工夫都不可以失掉的。事实上佛尔曼是很重视理智的开端的，他认为他的儿子即使在十二岁的时候什么都不知道，到了十五岁的时候他所知道的便一点都不会少；即使不是这样，一个人也毫没有成为一个学者的必要，但是变聪敏，变良善，却是他所最需要的了。

"你知道，我们的最长的那个孩子现在已经读得不错了。他的阅读的愿望是这么引起的。我有时提议给他背诵封腾（La Fontaine）①的寓言，给他消遣；当他问我乌鸦能不能够谈话的时候，我便已经开始了。我旋即感到一种困难，就是难于使他了解一个寓言与一个谎话的分别；我便尽我的力量脱出了这种困难，把封腾搁到一边，相信寓言是为成人的，而告诉儿童的则当是明白的真理。我用许多有益有趣的小小故事去代替，大部分是从圣经收集来的；我看见他们发生了兴趣，于是我便生出了一种想法，觉得如果我能自己编造一套故事，不独要能给他们娱乐，而且也要能够合乎当时的需要，那便更加有用了。我大胆地把这些故事写在一本漂亮的图画书上，常常把那本书锁起来。我间或读读其中的一些故事，但是并不常读，一次决不读得太久；我常常重读同一个故事，加以评注，然后才读另外一个故事。一个儿童闲着不做事不久就觉得厌倦了，这些小小的故事就是一种巨大的消遣。当我看见他格外

① 封腾（La Fontaine），今译"拉封丹"。——编者注

在出神的时候，有时候我便假装想起了一件关于午餐的事项，不经意地把书放下，在最有兴趣的当口离开他。那时他便会立刻跑去要求他的看妈，要求方尼，或者要求别人开始去读；但是没有一个人是可以由他支使的，人人都有了吩咐，所以没有一个人答允过他。头一个拒绝了，第二个正忙着，第三个又是喃喃地、慢慢地说，听不明白；而第四个则又照我的样子，在一个故事的中途走开了。我们一旦看见他彻底厌倦了倚赖别人的时候，立刻便有人暗地里向他建议，叫他学着阅读，使自己得到自由，能够随意去翻展书页。他喜欢这个建议。但是他还需得寻找一个够和蔼的人去教他。这又是一宗新的困难，我们当心没有使它变得太困难。我们虽则有这种种预防的方法，但是他对于学习仍旧有两三次感到过厌倦；不过我们并不去注意。我所做的只在使得我的故事更有趣味。他很热心地重新攻打，所以自他开始学习到现在虽则不到六个月，不久他就能够自己阅读那所有的故事了。

"凡是需要不断地用功，合乎他的年岁的一切知识，我都打算这样去引起他的热忱与倾向。现在虽则他在学习读书，但是他不能从书本上去得到知识；在他所读的书上，是没有这种东西的，而且书本也不是儿童求取知识的合适的方法。我亟于想要及早训练他，使他的脑子储藏观念，不要储藏文字；这就是我为什么决不要他熟记任何事项的理由。"

"决不？"我插嘴说道，"那未免说得太远了。他是当然应当学习教义问答和祷词的。"

"你错了，"她答道，"关于祷词，那我每天早晚都在我的孩子们的房里大声朗读。这样一来，他们不需任何强迫便学着了；至于教义问答，那是他们从来没有听到过的。"

"什么！朱丽叶，你的孩子们不知道教义问答吗？"

"不，我的朋友，他们不知道教义问答。"

"真的！"我惊骇极了，"而你又是这么相信宗教的一位母亲。我不能够了解你。为什么他们不学教义问答呢？"

"目的是希望他们有朝一日能够相信它，"这是答复，"我希望我的孩子们有朝一日全都变成基督教徒。"

"唉！我知道了，"我叫道，"你不愿意他们的信仰只在文字上面；你希望他们不独知道他们的宗教，而且还要信仰他们的宗教；你认为一个人不能信仰他所并不懂得的事情，这是对的。……"

六、结论

她又谈了一些别的详细的情形，使我相信她的母性的热忱真是何等的活跃，何等的不感疲惫，何等的有远见，然后她又结束说，她的方法恰恰是可以达到她自己的眼前的两个目标的，这就是让她的孩子们的天性去发展和研究那种天性。

"我的孩子们在任何事情上面都不受到约束，"她接着说道，"可是他们不能误用他们的自由。他们的性格既不能够受到束缚，也不能够走入邪道。他们的身体要安然地得到生长，他们的判断要安然变成熟。他们的心理不因奴役受到贬黜。自爱的心思决不是由别人注意去燃着的。他们决不觉得自己是有权力的人，也不觉得自己是些囚羁的动物，只是自由与快乐的儿童而已。为要保护他们，不使受到非其本性的邪恶起见，我觉得他们已经有了更好的保障，好过了他们所不懂得或者觉得憎恶的训词，这就是他们身旁的一切合乎德行的榜样——这里人人自然而然地所说的，不必特为他们预备的交谈，他们所见的平和与和谐的情形，和他们时时所见的人与人间以及人人的行为与言谈之间的和谐的状况。

"他们直到现在为止，都是在他们的自然的单纯状态中长养起来的，他们那里可以获得他们从没见过的邪恶，从无机会感到的感情，和在这里决无事情可以鼓励他们的成见呢？你知道，他们是不受任何欺惑，没有一点恶劣的倾向的。他们的无知不是顽固的；他们的欲望不是执拗的；他们对于邪恶的倾向是预知的；自然证明了是对的，一切事情都使我相信，我们责备自然的过误都不是自然的，是我们自己的。

"这样，我们的孩子一任他们的心里的倾向，既无矫饰，也无改变，他们不是在一个外界的、人为的模型里面铸成的，他们只是保持了他们的本性的恰合的形状而已。所以，这种本性天天把它自己展露在我们的眼前，一点没有隐避，使我们有个机会看看自然的作用，即使作用的最秘密的源泉也都可以看到。他们从来绝对没有被人斥骂。被人惩罚，他们是不知道怎样说谎，或者怎样欺骗的；他们无论向我们说话，或是互相说话，他们总把心底所藏的意思一齐倾吐出来，丝毫没有隐藏。他们一天到晚可以彼此自由闲谈，在我的跟前也一刻都不受到约束。我从来不制止他们，也不吩咐他们别说话，也不假装倾听他们；他们即使说了最该斥责的事情，我也决不表示注意到了他们。但是实际我是施用最大的注意在倾听的，虽则他们并不知道我在倾听；我把他们的行为与言语留下了一份最正确的记录：因为我在它们身上便可看出我所需得种植的土壤的自然的产品。他们的口里的邪恶的谈话像一株莠草的种子给风带走了；假如我用斥责把它砍掉，它是不久又会复生的；我宁可寻找潜藏的草根，小心地把它掘起。我只是，"她接着说道，"园丁的助手，我给花园除去恶草，拔除莠草；园丁应当种上良好的种子。"

"我们还应同意一点，就是，我以往所能照拂的一切照拂以外，如果我要希望得到成功，我便应当得到好好的支持，我的照拂是靠着一些情境的联合的，这些情境也许可以在这里得到我们需要在现存的成见之中得到一个贤明的父亲的知识去，找出从初生起始养育儿童的真正艺术；他应用尽他的忍耐，实行这一点，绝对不可让他的行为和他的教训相矛盾；儿童应当从自然得到一种良善的心性，使我们能够喜爱自然的作为；他们的左右应当只有聪敏的、性情良好的仆人，不会不同情他们的主人的计划。单单一个卑鄙的、奴性的家人就可以破坏一切的。实际我一想到有许多外界的原因可以毁坏一个最好的计划，推翻一个最聪明的设计的时候，我便应当谢谢命运对我的好意，承认智慧是听随机遇的摆布的。"

莉娜是怎样学会读书写字的

为爱好活动的孩子们所写的一个美丽的故事

福禄贝尔

福禄贝尔先生像

（采自：E. P. Cubberley：History of Education）

莉娜（Linä）是一个六岁左右的小姑娘，她喜爱独立地自己做事。她能够用简单的玩具做成许许多多的东西；她能够用方块和砖头建造好些美丽的物事；她又能够用各种形状与颜色的平板和棍儿摆成许多美好的事物。她能够把着了色的棍儿、纸条，以及别的种种材料，用各种方式组成许许多多漂亮的东西；她能够用她的小小的玩具做成好些事物，因为这个缘故，所以那些玩具对她便更加显得宝贵。

莉娜也能够容易地把球接住，因此，学会了身体的灵活和支配——善于运用她的肢体——所以，她不容易让什么东西掉落，也不把任何东西拙劣地推开。

莉娜还知道许多美丽的小小的歌儿，并且能够把它们唱出来。她能够在她的许多小小的游戏里面用歌儿去伴奏，增加她在游戏里面的快乐，因为歌儿可以指导她，使她知道自己是在做些什么，因此她就不必时常去麻烦她的父母，去问"那是什么？""为什么那样？"了。

所以莉娜老是快活活泼的，因为她从来不觉到时间的沉重的压迫，所以从来没有生过气。反之，她因为总是满意，总是快乐，她便特别得到了她的父母的喜爱，而且别的想要取得父母的喜爱，想要游戏和是在一种有生气的、有秩序的活动里面感到快乐的孩子也都把她做了榜样。

莉娜因为具有这种种美德，所以她是常常在她的父母的跟前的，是常常在她的父母跟前玩儿的，有一天她看见她的爸爸高高兴兴地接到了一封信，旋即又回复了一封。那时她的妈妈在房里，她便转过身来恳求她，说："亲爱的妈妈，请你给我一张小小的纸儿吧，请你；我也想照着亲爱的爸爸的样子，也去写一封信呢。"

"亲爱的莉娜，像你这样幼小的孩子，"她的母亲说道，"是不能够像你的爸爸一样写字的，更说不到在纸上去写了。你的指儿还太软弱，不能够把一支钢笔或者铅笔握得好，运用得好。但是我可以告诉你怎样用小小的棍儿组成字母，使你至少准可以写出你所想写的或者能写的许多字来。"贤明的母亲这样对她的小莉娜说，孩子却仍继续在恳求：

"啊，妈妈，教给我吧！但是我那样写出来的字，别人能够读得懂吗？"

"让我们马上就试试吧，我的孩子。我这里正有棍儿，这张光滑的黑桌子也正合于我们的用途，纯白的木棍儿在这上面一定会显得非常美丽的。"

"但是你是不是也知道，我的孩子，"和蔼的母亲接着说道，"你知不知道爸爸每次发信都把自己的名字写在结尾的地方，在外面又写上收信人的名字呢？所以，我的孩子，你第一步就应当学会写你自己的名字——这就是说，学会用棍儿去摆出你的名字。"

"啊，是的，亲爱的妈妈，我一定那样去做，我一定那样去做。"

"然则你的名字是什么呢，孩子？"

"啊，那是你知道的；我的名字是莉娜。"

"我确是知道你的名字的，"她的母亲说道，"但是假如你想写出你的名字，或是先用棍儿摆出来，我们便得小心地听听它，要注意里面的开音和闭音的分别。我们必得学会这些开音和闭音的符号，然后我们才能够把那些字母依着次序摆出来，如同我们在你的名字里面所听到的开音和闭音那样一个跟着一个一样。"

这位慈爱的，深思地在启导的母亲这样向着用心的孩子说，接着又说道："小女儿，现在再把你的名字告诉我吧，要极其缓慢地，极其清楚地，要注意看里面有些什么不同的声音。然后我再把我所听到的也告诉你。"

孩子急于要学习，于是慢慢地、清晰地把她的名字说出来——"L-i-n-ä"。

"我听到 i 和 ä 的声音，"母亲说道，"现在我们再一道把你的名字说一遍吧，看你是不是和我一样听到同样的开音。"

母亲和孩子一道说着："L-i-n-ä，L-i-n-ä；i-ä。"

"我听到的正同你一样，亲爱的妈妈，"莉娜说道，"开音是 i 和 ä。"

"所以，在莉娜这个字里面，我们听见了 i 和 ä

的开音。"

"现在，孩子，我把这根直棍儿垂直地放在你的跟前，"母亲接着说道，"当你看见它在这种位置的时候，你就要让我立刻听见 i 的声音。"于是母亲又把棍儿垂直地在孩子的跟前放几次——孩子立刻就发出了 i 的声音。

"你瞧，"和蔼的母亲向孩子说道，"这根垂直的棍儿"——手指着棍——"就老是代表 i 声的符号。"

母亲为练习起见，又把棍子几次放在她的小女儿的跟前，她便立刻说着"i"。

"但是你不是听见你的名字里面还有一个开音吗?"母亲问道。

"是的，一个 ä 的声音，"孩子答道。

"你瞧，"母亲说道，"现在我把两根棍儿放在这里，上面连着，中间另外一根小点的棍儿按着地平的方向，把它们连接起来——A;当你看见这个符号的时候，你就立刻要让我听见你的名字里面的第二个开音。"

这时母亲把符号拆开，再又反复摆成，孩子每次看见符号摆好在面前立刻便发出它的声音。莉娜和她的母亲所过的时间是这样有生气，这样快乐的，看看她们真是一桩乐事；因为母亲一会儿摆出一根代表 i 字的垂直的棍儿（｜），孩子立刻就清晰地发出 i 字的声音；母亲一会儿又摆出三根相连的棍儿（A），孩子立刻就发出 ä 字的声音。

然后她们又交换着：孩子摆棍儿，母亲发声音。此后又由母亲发出声音，孩子便得把每个字母或者每个声音的符号摆出来。

现在两个符号或者字母——

I　A

都摆在孩子和母亲的跟前。于是母亲问她的孩子道，"但是你的名字只有一个 i 字和 ä 字吗？"

"不，我的名字是莉娜（Linä）。"

"那么，好吧，你的名字是还得需要一些符号的。再向我说一遍吧，要说得极其缓慢，要注意你自己的嘴，尤其是你的舌头的动作，要仔细地听，看你看不看得出什么。"

孩子照着她的母亲所希望的说，"L-i-n-ä。"

（教育散译之一）莉娜及其他

"现在我也要同样说说你的名字了，"母亲说道，"注意——L-i-n-ä。"

"啊，是啊，"孩子立刻说道，"除了 i 和 ä 以外，舌头的动作又给加上了一些声音。"

"对啦，我的孩子；现在再注意一次吧。在 i 字的前面，我把闭音的符号加上去，那是你在开音 i 的前面听见的——

LI

这就是莉（Li），在 A 字前面，我把你在 ä 音以前听见的闭音的符号也加上去——

NA

这就是娜（nä）；两者放到一起——

LINA

就成功了莉娜（Linä）。"

母亲这样教导着用心的热心学习的孩子，得到了快乐的孩子就读着，说着"Linä-Linä。"然后她又把符号挪走，再又重新摆下。

"啊，好妈妈，我能够摆出我的名字，读出我的名字，我是何等的快乐啊，我是何等的感激你啊！

但是爸爸和别人也能够读它吗？"

"现在差不多是正午了，"她的母亲说道，"你的爸爸和叔叔快要回家了；那时我们就可以知道他们能不能读你所摆出的字儿了。"

"假如爸爸和叔叔现在在这里，那我便会何等的快乐啊！"

孩子这样说着的时候，他们正到了房里，莉娜差不多没有让他们有时间和她的母亲说话，她就扯住了她的母亲的衣服，恳求地直望着她。母亲懂得她的恳求的眼光的意思，握着父亲的手，领他走到桌子旁边，说道："你瞧，爸爸，看莉娜摆出在这里的东西。"

父亲看着，读道："Linä。呀，我的孩子，原来真的你把你的名字摆出来了。你能够用棍儿写出你的名字了啊。"

叔叔也站了起来，说道："我也得看看啊。原来真个如此。'Linä'。这个字用棍儿在这里摆出来了。"

那时他们大家都很高兴。

但是父亲说道："现在，孩子，让我看看你摆你的名字吧。我把棍儿挪起来，你再用棍儿把它写出来吧。"

她说："一定的，亲爱的爸爸。"又把

LINA

摆了出来。

这时一会儿父亲，一会儿叔叔，问了她这个字母或符号又问那个字母或符号，要孩子发出符号所指示的开音或闭音。然后再又变换次序，他们发出 Linä 这个名字里面的一个声音，要孩子把它的符号摆出来。

这种快乐与喜悦是要亲身看见之后才能体会的。

但是母亲说道："孩子们，你们忘了你们的午餐啊。食品会冷掉呢。"

当他们全都到了桌旁的时候，莉娜的叔叔说道："和蔼的妈妈关照了我们全体：她先是帮助了莉娜，现在又来关照我们，使我们的午餐不要凉了。莉娜，你今天能够摆出，并且读会你的名字，真使我们觉得快乐；你明天就可以摆出，并且读会那个美丽的字儿'妈妈'（Mutter）再给我们快乐了。"

"你说的真对，亲爱的叔叔，"孩子说道。

桌上的每一个人都快活高兴得像在庆祝一个生日似的。

第二天，当细心的母亲通常花在她的孩子身上的时刻还没有到来以前，孩子就到了她的跟前，恳求道："请你今天教我摆出那个美丽的字儿'妈妈'（mother）吧，这样我就可以在爸爸和叔叔回家的时候再使他们高兴一番了。"

"我的孩子，你所想要摆出的真是一个美丽的字儿，我们一定学着去摆，"母亲说道，"但是此外还有一个同样美丽、同样可贵的字儿，那就是——你知道那是什么吗？"

"唉，是的，——是'爸爸'（father），"莉娜说道。

"好，我们今天一定学着摆这个字，好使爸爸回家的时候知道我们在念他，在爱他。"

于是母亲又叫孩子十分清晰地发出这个字的声音——

V-A-T-E-R

并且问孩子，看她听到了什么开音。她不独容易地答复了那是 ä（如同 far 字里面的）和 e（如同 prey 字说得迅速的时候的 e，比 get 里面的 e 略长一点），而且她立刻说道："你瞧，妈妈，我已经知道'ä'

这个声音的符号了。"她把——

A

摆在她母亲跟前的桌上。

"那很好，"她的母亲答道，"现在我要把开音 e（快读的 ä）的符号教给你了。"于是她在相距不远的地方摆下——

A   E

由于莉娜的注意和她的母亲的帮助，那个字里面的闭音（VTR）和它们的三个符号——

V   T   R

不久就被发现了，并且用练习与变换地位的方法把它们学会了，那个美丽的字儿 VATER（爸爸）便摆在他们的面前了。莉娜读这个字，也与以前读她自己的名字一样容易，棍儿取去以后她不久自己便能够把这个字儿摆出来了。

这时又有了大大的快乐——她目前的快乐，和莉娜希望父亲与叔叔回家时的快乐。这位小姑娘高兴自己所做的事，急于要学习，希望再前进。"妈妈，亲爱的妈妈，"她恳求道，"我的叔叔要我把那个美丽的字儿'妈妈'（Mutter）摆出来。请你教给我吧，好使他在回家的时候感到高兴；假如我能够摆出来，爸爸一定也会高兴的。"

"我很愿意，"她的母亲答道，"但是你学习新的字儿的时候不可忘记了旧有的啊。"

"啊，不会的，一定不会的；要是你愿意，你随时都可以考问我呢。"

这时母亲要她的小女儿首先把那个字慢慢地、清晰地说出，注意母音 u（oo）和 e（快读的 ä）。孩子不久就发现了里面只有一个新的开音（u），她的母亲立刻就把这个开音的符号 U 教给她，并且告诉她把那两个字母摆在她的跟前的桌子上，略微离开一点点，她照着做了，就是——U、E 字里面的新的闭音——m，不久也被发现了，它的符号——M，也被这孩子学会了。所以不久她的跟前的桌子上便出现了，其实是摆好了整个的字——

MUTTER（妈妈）

孩子充满了快乐，又把她所学过的一个字——

VATER（爸爸）

也加了上去。

母亲和孩子用各种方法把两个字里面的声音和符号加过比较发现了两者之间的同点和异点，而孩子能够准确地把它们摆出来，并且读出之后她得到了一宗大大的快乐，就是她的父亲和叔叔走进房子来了。

孩子看见她心爱的父亲和亲爱的叔叔的快乐，她的眼睛便闪耀地放出光辉，如同在上次的圣诞节早晨一样。

符号和声音都经过了考验，莉娜对于一切问题的答复都没有错误，她真快乐极了，最后终于说道："我要把两个字的棍儿都挪开，然后再又一个一个摆出来。"她刚刚说完便真个做到了。棍儿被挪了起来，旋又重复摆下，排列得很美观，在大家的面前现出——

VATER　MUTTER

很快地又在下面摆着——

LINA

于是父亲在他的小女儿的名字下面又加上一个字——LIEB（德文的 DEAR——亲爱的之意），笑着，去测验她的知识，问道："现在把我所写的读出来吧。"

"第一个符号我是已经知道了的，"莉娜说道，"第二个和第三个我也知道；但是我不知道 IE 上面的曲线是什么意思。"

母亲说："这表示相连的两个字母是略微引长的 I（如同英文里面 Seen 字中的 ee）的符号。现在说说你所知道的吧。""Lie（Lee），"孩子说道。"现在闭着你的嘴唇，"母亲说道。"你便有了'Lieb'（亲爱的）这个字了。"孩子说道。

"现在把两个字都读读看吧，"父亲鼓励地说道。

"Lieb Linä"（亲爱的莉娜），孩子读道，她爱慕地、感激地依附着父亲、母亲和叔叔，用快乐的眼光望着他们；她又温婉地说道："我的心爱的爸爸，我的好妈妈，我的亲爱的叔叔！"

"是啊，有了好爸爸，好妈妈，真是孩子们的大福气啊，"叔叔说道，"现在让我们看看，莉娜，看你明天能不能够把这些美丽的字儿给我们摆出来。"他们于是便都安静地走去用午餐去了。

第二天早上，预定的时刻到了，母亲和孩子又到一道来共同做事来了，莉娜首先就想到了要去满足她的父亲和叔叔的愿望，要去把他们所希望的字儿摆出来。

　　孩子确切地观察过了各个字儿及其组成的部分以后，她不久就发现了全部之中，只有两个新的开音，一个新的闭音，和它们的符号；就是开音 ei 符号 EI（同英文 Pine 里面的 I 一样），和开音 o，符号 O；还有闭音 h，符号 H。

　　用心的莉娜，经过她的诚恳的母亲的指导，不久便把这些都学会了，并且经过彻底的、反复的练习之后，希望中的字儿便已摆出在母亲和孩子的跟前的桌子上了：

　　　　"MEIN LIEBER OHEIM"（我的亲爱的叔叔）
　　　　"MEIN LIEBER VATER"（我的亲爱的爸爸）

在这些字后面，莉娜又很快地加上：

　　　　"MEINE LIEBER MUTTER"（我的亲爱的

妈妈）

　　"MEINE LIEBER ELTERN"（我的亲爱的
父母）

　　快乐真是大极了，但是当父亲和叔叔比平时较
早地回到家里，读了摆出的字句以后，快乐尤其来
得巨大；莉娜得着母亲的帮助，又读懂了父亲所加
上的字句：

　　"LINA IST UNSER LIEBES KIND"（莉娜是
我们的亲爱的孩子）

因为不久就发现这里面只有三个不熟悉的符号——S，
K，D——贤明的母亲很容易地就把这三个符号指示
给孩子了。

　　当父亲和叔叔再度大声读着这些字句的时候，
莉娜握着她的母亲的手，领她走到放着缝衣桌的窗
前，对她耳语了一些话语。于是母亲和善地望着孩
子，用手指在缝衣桌上做了一些记号，莉娜得到了

满意，便回到她的父亲那里，向他说道："到窗口前面去一会吧；我现在打算来再摆出一些东西，看你读不读得懂呢。"

她得着母亲的宁静的帮助，不久就把下列的字儿摆出在桌子上面了：

"DU BIST UNSER GUTER VATER"（你是我们的好爸爸）

母亲只须告诉莉娜一个新的符号——G。"来吧，亲爱的爸爸，"母亲说道，"来读读我和莉娜用默默的字句向你所说的话儿吧。"

他读完以后，他便抱着母亲和孩子，说道："你们是我的快乐，是我的幸福。"

那时叔叔也安静地走近他们的身旁，说道："让我也加入，作为你们的幸福、快乐与和平的队伍中的第四个吧。"

"我的确想到了你的，亲爱的叔叔；但是现在没有多的时间去做字了，因为妈妈说午餐又在等着我们了。"

这个快乐的家庭就是这样过了许多快乐的日子。莉娜随时都把一匣棍儿带在身边，只要她能够，她便随时设法去摆出她的家里的人们的名字，指出他们与全体的关系（无论是堂兄弟或是祖母），所以不久之后，全家之中便没有一个人名，没有一种关系是她用棍儿摆不出来的了。

　　这时父亲需得出外旅行，他说他得因此离开家庭一些时候。父亲刚一出外，孩子的旧有的愿望又起来了。"妈妈，我希望我能够写字，好给爸爸写一封信去。"

　　"我在可能的范围以内一定允许你的愿望。"和蔼的母亲向着满怀热望的孩子说道，孩子立刻快乐地跳了起来，拥抱着她的母亲，欢乐地叫道：

　　"明天啊！明天！"

　　第二天到了，母亲与孩子共同作业的时刻也到了。莉娜满怀着希望，赶快跑进她的母亲的房里。她的母亲正在缝纫桌旁做着活，她几乎没有时间向她说"早安"，她的眼睛，她的头，和她的身体已经不期然而然地倾注到了房子中间的一张桌子，那上面有一块美丽的新石板，似乎在和善地和她打招呼。

石板旁边有一支石笔，黏在一个笔梗里面，这个小姑娘几步跑上去，她已站在桌子的旁边，快乐地望着石板，抚弄它，把它四边翻看，将石笔放在她的手指中间旋转。她把石板再又用心考验过一番，然后拿着它，跑到母亲的跟前，嚷道："你瞧，妈妈，你瞧石板上面的美丽的直线和许多小方块儿！"

"是啊，我的孩子，它们是使你写字写得容易的呢。"

莉娜站在那里立刻感到了重大的烦扰，她在她母亲的跟前好像大梦初醒似的；最后，她才找出了话说，说道："啊，妈妈，我觉得我现在应当用笔在纸上写字了。我不能够把这块石板当作一封信去寄给爸爸啊。"

"你不久就能够在纸上写字了的，"她的母亲安慰她道，"虽则你还不能用钢笔和墨水，但是能够用铅笔了，你在爸爸回家以前就能够写一封信去寄给他了；不过你得照以前一样用心才行咧。"

"啊，妈妈，那我是一定的！"

"那么，来吧，我们立刻就可以开始了。"

她的母亲首先教莉娜怎样合适地拿石笔，使那些没有练习过的小指头不至于弯得不自然，挤在一起。然后再又叫她用棍儿把她的名字，"Linä"，在桌上摆出来，告诉她桌上一个棍儿的长度怎样用石板上的两个方格的直线去代表。莉娜经过她的母亲的一番帮助之后，不久就把她的名字用石笔写在石板的方格上面了。经过一阵练习之后名字完全写在石板上面了，她就交给她母亲去看。"你瞧，亲爱的妈妈，这对不对？

LINA

　　"很对，"母亲说道。

　　孩子快乐地叫道："啊，多好啊！多好啊！现在我一定要摆，并且要写'爸爸''妈妈'和'叔叔'；以及'亲爱的爸爸''亲爱的妈妈'和'亲爱的叔叔'了。那时我就一定能够写一封信给爸爸了。"

　　"慢慢地吧，慢慢地，我的孩子；一次只要做一件事情。你的希望是不久就可以得到允许的，但是不要太性急。"

　　亲爱的孩子们，你们可以猜想得出，莉娜的叔叔没有跟她父亲一道出去，这件能力上的新进步是快乐地让他知道了的，他对于这件事情具有很大的兴趣；他心里在想，"莉娜这样用功，给她的父亲、母亲和我以这么多的快乐，下次我来的时候，我也应该给她一次快乐才对。"他是这样自思自想，第二天便这样做到了。

"妈妈，"莉娜说道，这时她们又在共同作业的时候到了一道，"今天至少让我先在石板上面写一封短短的信给爸爸吧；然后到我在纸上写信的时候，那就更容易了。"

"好的，"她的母亲说道，"我们即使不成功也可以试试看。"

"啊，妈妈，有了你来帮忙，那是可以做得好的，"莉娜快乐地说道。

"但是你打算写什么呢？"她的母亲问道。

莉娜想了一会儿，她便说道："亲爱的爸爸，请你早些回家来吧。"

"停一停吧，"她的母亲说道，"我们首先得看看我们是不是能把这句话全给写下来。头两个字你是容易处理的。"这些字旋即就放在莉娜的石板上面了。其余的字是慢慢地说出来的（一次只说一个），每个字的字母都发现了，不多工夫之后，石板上面便出现了下面的一封信：

"LIEBER VATER，KOMME DOCH BALD WIEDER。"

"信就写完了吗？"莉娜的母亲问道。

"啊，没有；我得告诉爸爸，说我现在能够在石板上面写字了。"

经过母亲的帮助，石板上面旋即又出现了——

"ICH KANN SCHON AUF DIE TAFEL SCHREIBEN。"

"现在信已经写完了，"莉娜说道。

"啊，还没有；"母亲答道，"还欠缺了一些东西。我在我们开始摆你的名字的时候就告诉过了你，每封信里面所要的一件东西。"

这位小姑娘思索了一会儿，她便说道："你说的是，写信的人一定要把自己的名字也写在下面。我也一定这样做。"

"DEINE LINA"

她写在信下面，并且说道："她写了这封信给你。"

她刚刚说完这句话，把信给母亲看了，母亲很是满意，这时她的叔叔已经到了房里。莉娜从椅子上跳起来，拿了她的石板，跑到她叔叔那里，怀着快乐的期望，伸给他看。

"呀，我这是读的一些什么呢？"她的吃了一惊的叔叔说道，"你已经给你爸爸写了一封信吗？很好很好，我的亲爱的莉娜；你的爸爸一定很高兴的。"他又低声地接着说道："但是石板当信寄是得花费好些邮费的呢。我只怕它还没有到达你爸爸的手里就会打破咧。"

莉娜用一种忧虑的声调答道："我问妈妈要过纸；但是她觉得我应该先用石笔在石板上写着试试，所以这封信只是一种试验而已。"

"等一等吧，"母亲安慰莉娜道，"我们要让这封信留在石板上面，你头一次试验的成绩非常不错，我明天一定从城里带些画着格子的纸和一支铅笔回来，那时我们就可以把给爸爸的信抄下来，真个寄出去了。"

叔叔从外衣的胸前口袋里面拿出一些用鲜艳的纸张包着的东西，欢乐地笑道："好呀，第一份已经预备好了呢。"他当着孩子的面取出一张画着格子的纸，旁边放着一支有色的铅笔。

莉娜大大地吃了一惊，站在桌子旁边，高兴地看着摆在自己的面前的东西，然后再又看着她的叔叔，他说道："这是你的，莉娜。明天你就可以把你的信用铅笔写在纸上，寄给你的爸爸去了。"

"我说这才真正不愧为是一个叔叔呢，"母亲说道，"他猜得中人们的心事。我希望我也有这样一个贤明的、亲爱的叔叔。"

"呀，"他说道，"成人的心事是可以猜得中的，但是不能像孩子们的心事那样容易满足啊。"

自从莉娜的父亲离家以后，这是他们所过的第一个真正的快乐的午刻；因为父亲在这个快乐的小圈子里面是永远被记得的。

第二天，莉娜的第一个目的就在把她父亲的信，用她叔叔给她的颜色艳丽的铅笔，去小心地抄在美丽的纸上。

信是真个交给下一班邮差寄走了，使得孩子很高兴。

"啊，"莉娜问她的母亲道，"亲爱的爸爸是不是会写一封信给我，如同他接了别人的信以后去回信一样呢？"

"那我不知道，所以我不能够告诉你。你的爸爸在旅行的时候有许多事情要做，我们应该等一等，看他怎么办。"

现在孩子是在热望地盼望每个新的递信的日子，和每个来到的信差。最后信差来了，带了一封信给莉娜的母亲。这封信真是从她父亲那里来的。莉娜看了印章和字迹立刻就知道了。她满怀着企望，以为里面或者有给她的东西，当母亲拆信的时候，她便站在母亲的旁边。

莉娜真很高兴，她看见母亲取出一张叠着的纸，用手指夹着。她静默地等着她的母亲读完她的信。于是母亲转身向着孩子，说道："你的爸爸致意你，谢谢你的短信。他也给了你一封；你可以读着试试，看你爸爸是不是读了你的信，是不是读懂了你在信里面所写的事情。"

母亲一面说着，一面便把当时自己手里拿着的叠着的纸儿给了莉娜；这是父亲给这小姑娘的回信。她快乐地、感激地从她的可爱的母亲手里接了信，母亲是这样在外在的人生里面，利用明显的培植，去发展孩子的内在的天性。

孩子从这件不速的礼物获得了快乐，她拿着信，走到窗户前面，看着这张宝贵的信纸，从她的眼睛的迅捷的动作，可见她在想了又比，分了又合，然后她又拿着信纸给她母亲，欢乐地叫道：

"妈妈，我读得懂爸爸的信了！"

"好的，我的孩子，"她的母亲答道，"到这里来，大声读给我听吧。"（父亲的信是照莉娜的信一样写的，用的是罗马体的大楷，换句话说，就是用的简单的直线和曲线，不过没有格子而已。）

LIEBE LINA:

"DEIN BRIEFCHEN HAT MIR VIEL FREUDE GEMACHT，ABER KOMMEN KANN ICH JETZT

NOCH NICHT，WARUM？ -WIRD DIR DIE LIEBE
MUTTER SAGEN. MIR DAGEGEN MACHE DIE
FREUDE UND SCHREIEB RECHTBALD WIEDER."

"DEIN DICH LIEBENDER VATER"

（亲爱的莉娜：

你的短信给了我很大的快乐，但是我现在还不能够回家。你的妈妈会告诉你为什么。所以你要赶快再给我写信，再给我一次快乐。

你的亲爱的爸爸。）

"那我一定的，"这位小姑娘因她父亲的来信感到了欢喜，说道，"但是亲爱的妈妈，请你告诉我，为什么爸爸现在不回来呢？他动身的时候，答应得很确切，说很快就回来，但是现在离家却有这么久了。"

"你的好爸爸离家其实还不算很久，"和蔼的母亲说道，"不过他在回家以前的时间在你看来觉得是很久而已。但是我承认，我是高兴这一点的；因为你这样需要你的爸爸就是你爱他的一个证明呢。"

"啊，是的，亲爱的好妈妈，我真是十分爱你，高兴和你在一起；但是我也爱爸爸，希望他能快些回来。"

"我已经告诉了你，我是高兴这一点的；但是我们在他能够回家以前还得再多忍耐一些时候呢。"

"但是告诉我为什么吧，亲爱的妈妈。"

"你爸爸每逢出门的时候，你不是常常听见他说：'今天我有许多事情要做，你们吃午饭不必等我'吗？那是使得我们不痛快的；但是你爸爸后来回家的时候，因为事情做成功了，我们见他显得那么快乐，他的回家却给了我们双倍的快乐。你瞧，亲爱的莉娜，他现在也有事情，他希望为我们大家的快乐，也把它做成功。但是，我的亲爱的孩子，我们现在也得做些事情，好在你的亲爱的爸爸回家的时候，我们也可以给他一些快乐。"

"啊，是啊，好妈妈，告诉我做什么吧。"

"那很容易。你爸爸希望你再给他一封信，他说接了你的信可以使他感到快乐。你的亲爱的爸爸的这个愿望，假如你愿意，你是容易满足他的。"

"啊，最好的妈妈，请你告诉我什么时候再写信给爸爸，我好附一封短信去。"

"我在几天之内就要再写信去，因为你的爸爸爱我们大家，他一定很快乐于早早知道我们的消息，知道我们一切准都平安。现在在我写信以前，你要努力写字，好使你的爸爸发现你的信写得有进步。"

"那我是一定的，"这位小姑娘安静地向她母亲说道。但是说的时候具有一种基于坚固的意志的自信的心理，这使她的母亲大大的感到高兴。

自此以后，莉娜的一切活动便都特别表示着一种热忱和一种内心的快乐。

从第二封信起，父女之间便开始了一种常规的通信。离别了家庭的父亲想要得到关于家人的健康与生活的消息，因此使得这些短信差不多获得了多于它们的作者所能处理的材料，它们因此便在这个可爱的小姑娘的能量、知识和力量上面生出了一种发展的影响；而她的信件又准能讨得她父亲的欢喜，（他每次的答复都是用一种新鲜的方式表达出来的）这又增加了莉娜的努力，同时她的勇气也跟着增长起来；在努力与勇气两都增长之外，她的毅力也在增长，于是转而又增进了这个小姑娘的作品的更大的成就。她深切地体验了我们的诗人所说的话的真理，虽则她并不知道这些话和这个人：

"快乐，快乐推动了世界的大钟的轮子。"

但是她的母亲和叔叔是知道这句话和这位诗人的，他们也知道其中的真理，所以他们便利用小小的礼物，培植了，并且增强了孩子的能量、意志和动作的力量，尤其是这三者的结果。

父亲想要取悦孩子的欲望也在增加。——但是孩子若是能够自己有一本书，那么，还有什么事情可以更加使得她高兴，更令她得到快乐呢？她对于书本的内容当然还是一点都不懂得的，但是她却尽可以坐在房子的角落里，把书本反拿着，稀奇地逗着幻想——自己欺骗自己——以为在书本上找到了，并且读着了自己的内心对于发展的无意识的追求所生的事项。

这种经验，或者说法，也许被他想起来了，因此这位慈爱的父亲就决定了在发下封家信的时候寄一本儿童故事图画册（A Story and Picture Book for Children）回去，父亲是真个在觉得感激他的小女儿，同时又想给她鼓励（因为他离家的时日需得比自己所预料的久），这本书是他在一个朋友家里遇见的，觉得具有发展与启导的功用，同时又很令人喜爱，他的朋友特别在这一点上向他推荐过。

这位小姑娘吃了一惊，眼睛闪着快乐与惊奇的光辉，当她的亲爱的父亲的书儿和同来的信件从固封着的包裹中间显露出来，由她母亲交给她，说着下列的话语的时候："你瞧，我的孩子，你爸爸给你寄来了这些东西。因为你的短短的信给了他快乐，所以他也想给你一些快乐咧。"

是呀，莉娜怀着快乐欢喜的心情，走到最近的一个窗口——一会儿读着她的亲爱的父亲的来信，一会儿看着那本美丽的书儿，翻翻书里的页子。

同平时一样，同情的叔叔走进了房里（那时正是吃午饭的时候），莉娜十分快乐地跑到他跟前，伸着手儿和手臂，手里拿着那份美丽的礼物。"你瞧，叔叔，你瞧爸爸给了我什么!"她把叔叔拖到桌子前面，叔叔略微把书看了一看，便把图画解释给她听。

午饭（这天成了一个宴会）快乐地过去了，下午一部分的时间被这小圈子里面的人们用在给予、接收，并且分享快乐上面，离家的父亲的不可见的，但是诚意的思念给了这快乐以一种精神上的特色。

　　但是这时候和善的叔叔因为有事情，需得离开这个快乐的圈子。母亲有家务要照顾，也离开了屋子，只有莉娜和她的新伴——她的新书——独自在一道。她专心地在看图画。她看的时候，最初总去回想一下叔叔所说的关于它们的一切，然后再又自己去发现。但是过了一些时候之后，这一步工夫她也做完了，于是深思地拿着书，站在那里。她的环境里面，尤其是她的母亲的生活与动作里面的预期和经验向她说道："倘若我懂得这里所印的字儿，读得懂它们所说的事情，这本书儿就可以把它里面的美丽的小小的故事告诉我了。"她热切地去寻找她自己用简单的直线与曲线所写的字儿和书上所印的字的相似之点，实际她果然零零碎碎找出了好些同点，尤其是在大楷方面。不过同点并不十分清晰，她不能够在印出的字上准能认出自己所写的字。

　　时间便是这样在希冀、预望、寻找与希望之中过去了，黄昏已经到了。因为她的亲爱的母亲——

从她自己在儿童时期与青年时期的经验中学会的——如我们在后面所可知道的，她有远见——这就是说，她有利用发展去施教的真正的培育的知识，和一种着眼是在孩子的福利的见识——她让她独自和她的书本在一道；她虽则没有和孩子在一块，但是她非常明白孩子这时候起了一些什么思潮。莉娜早就想要母亲去，这时母亲走进了房子。莉娜立时走到她跟前，悲郁地说道："啊，亲爱的妈妈，爸爸的信是手写的，我能够读；这本书是印成的，我希望我也能够读；但是书上的字和爸爸与我所写的，和你所教给我的竟然大不相同咧！"

"它们并不是完全不一样，我的孩子。假如你真想要学会印成的字儿，你不久就可以知道，这二者之间的分别是很小的，你容易看出来，并且容易把它记住。你不就可以找出这两种字体的相同之点——这就是说，你所写的，你的和亲爱的爸爸在信里所用的和书上所印的字。"

"是的，亲爱的妈妈，其中有些字母在我看来是如此；但是有许多线条曲得像条蛇一样，我简直不知道它们是从哪里来的，不知道它们是什么意思，不知道我把它们怎么办。"

"我的孩子，你不久就准可以知道，简单的，直的，曲的线条是怎样和弯曲的或蛇似的线条（S∽）相关联的，你就可以知道后面这种字母里面哪怕最小的一根线都不是多余的，或者偶然的了。那时你就容易在你的书上所印的字母里面再度找出你所写出的字母来了。"

"亲爱的妈妈，现在就告诉我吧！"

"好的，你已经告诉过我，说你在现在所用的字母与书上所印的字母之中找出了某些字母是相像的，虽则你还不能够把它们的同点完全弄明白。现在把这些字母在你爸爸的来信和你的书本里面指给我看看吧。"

孩子指出了 D 和 𝒟，B 和 𝔅，以及别的几个字母。（英文字母没有这种困难。——英译者。）

"你很对，"她的母亲说道，"你所用的字母和你的书上所印的字母的相似之点通常最先是在所谓大写的字母里面出现的，但是尤其是在你刚才所指出的字母里面。但是现在太黑了，我不能够再把你所

莉娜及其他（教育散译之一）

指出的每两个字母之间的相似之点——其实是相同之点——再指给你看，而现在又还没有黑到点灯的程度；现在我的家事做完了，有时候和你闲谈一点钟，来让我首先讲个故事给你听吧；等到亮起来了，再把字母之间的相同之点告诉你。"

"是的，讲一个故事给我听吧，亲爱的妈妈。这里有一张椅子，请你坐下吧。"

"你知道，你在能够写字以前，甚至在知道关于写字的任何事项以前，你就和你的洋娃娃一道玩，你和你的爸爸，你的叔叔，和我一道说话了。很久很久以前，住在地球上面的人们也是这样的，他们周围有各种东西，他们向它们说话，尤其彼此互相说得多，正同你有时所做的情形一样；他们在能够写字以前，在知道关于写字的任何事项以前，在发现写字以前，他们甚至就在自己对自己说话了。"

"但是写字是什么呢？何谓能够写字呢？你且想一想吧。用你自己的观察和经验去判断，看我对不对，我说的是，写字是我们所听到之后就过去了的声音与一种缄默的、静止的、永久的符号的联合；

也可以说是把永久的图画或符号去代替暂时的、终归消减的声音。"

"那我是很懂得的，"莉娜说道，"这正同我们所做的是一样，你教我首先正确地说出我的名字和至爱至爱的字儿'妈妈'与'爸爸'，然后再去用无声的棍儿摆出来，指出它们，最后才把它们写出来。"

"你很对，我的莉娜；你在这里立刻就能够说出这件人生的巨大事实了，这就是：一个人对于任何事情如果事先有了经验，即使在他自己的生活上的方式并不一样——这是指外在的动作和内在的观察——人家提到，或者说到那件事情，他便一定懂得清楚得多。所以，我的孩子，你要试试，要注意你自己和别人的动作，要为你自己收集各种经验，现在就可以从你的快乐的童年做起。这样一来，你就可以更加懂得你所遇见的事物，和你所看到听到的东西，这你现在就可以证明给你自己。

"我要继续我的故事了。据说，人类在还不能够写字的时候——这就是说，他们还没有一定的、确切的、缄默的符号，去代表字里面的单纯的开音与闭音，有了字之后，一个不在场的人就可以再把所说的话说出来，写字的人就可以回想当初的思想——那时有一个牧羊人在一个多草的岛上牧羊，发明了写字。据说牧羊人发明了好些东西——如同对于光耀，多星的天体的观察与知识，因此提高了人类的心情，提高了人类对于上帝、一切善的给予者的感觉。他们在多星的天空看见了赞扬与感谢上帝的文字的符号。你瞧我的孩子，发现用字母写字的是一个牧羊人。我们两个人现在利用我们自己的生活的经验，就可以解释这许多东西的发现与发明为什么都归功于牧羊人了；我们能够懂得这中间的真理。我们上次在山脚下闲行的时候，岂不看见那个小心的牧羊人总是把羊群归成一个被他看得见的整体，把每一只羊——哪怕是最小的一只羔羊——都看成这整体里面的一个紧要部分吗？生活的培植就老是这样顾到整体的目标的。你瞧，一个真正的牧羊人，把羊群集在自己跟前，他就学会了把别的人们（猎人和渔人）看成表面似乎是个别的，其实却是与一个大的整体有关系的；实际是与一切事物后面的基本单位是有关系的。这就是许多许多年前孤寂的牧羊人置身异国的情形。他为自己说话，和自己说话；他听他自己说话；他最初说的也许是他的不在跟前的一个亲人的名字，如同你的爸爸的名字现在格外使你觉得亲热一样。这个名字也许在他的心里发出声音；也许回声把它复述。他的深思的心理和反省的心智就容易看出他所心爱的字儿里面的不同声音和不同的母音出来，如同我们在心爱的莉娜、爸爸、妈妈等等字眼里面所看到的一样。

"你知道，我们常常出外游逛，我们就看见过深思的、活动的牧羊人，他们用他们的牧杖把脚下的草皮掘成花样，去表现他们的思想，让他们的羊群尽自在身边啮草，或者躺卧。我们的故事里面的深思的牧羊人也许找出了他所看得见的符号，去代表他心里所说的话，和他在周围所看见的东西；他的顺从的手也许就自然而然地把他的心理所追求的，和大声说话的时候所看见的口的动作表明在平地上面，甚或记下在平地上面；因为我们在别的地方看见过，思想的内在的活动和手的外在的创造的活动，彼此之间是有一种无意识的关系的，彼此相互发生作用，好似常常在它们的连合的动作里面互相灌注，变而为一似的。这个人就是这样沉浸在思想里面，手里拿一根长东西——一根棍儿——没有意识到身外的一切东西，不期然而然地用这根棍在画出一些东西，在他跟前的地上做出了一些记号。这样画出的种种符号和花样多半是一些直线，或者是简单的曲线，这是由于勾画它们的画法之故。它们的起源也许是由于发音的时候，口不能不有各种位置之故；因为你记得，我在教你写字的时候，我们知道口发i、o和a音是有不同的位置的。所以我们立刻就可以知道，我的孩子，如同我们在前面说过的，写字和字母也许是几千年前，由一个远方的牧羊人发明的；这些事项在这许许多多的年月里面便从那个地方向外传播，最后就到了我们这里，到了我手里，由我传给了你；但是它们在这许许多多的岁月当中游遍了许多国家，许多民族，它们的本来面目一定是改变了许多的。

　　"所以你无论什么时候碰见了牧羊人，你要敬重他们；至少在那种时候要想想，看一个人的孤寂的时间要怎样用来深思地去观察最近的事物，才能变得有用处——如同在这种情形之下，牧羊人自己和自己说话似的——并且看我们怎样才能由此发现对于孩子们与成人都有重大利益，能够在以后的无穷的岁月当中生出快乐的事情。你且想想现在还能给你许多快乐的写字和不久就可以使你同样高兴的读法吧。所以，你每逢写字，或者日后每逢读书的时候，你就要想想，你永远应当把你的时间用得合适，即使只身孤处的时候也当如此，要像发明写字与字母，并且利用它们教人读书的牧羊人一样。但是现在我们不知不觉，天已经变得很黑了。莉娜，现在你去把亮拿来吧；我今天没有特别的事情要做，我打算把剩下的时间拿来教你，教给你那些你在了解和阅读你的书本所希望要知道的和不能不知道的事项——这就是，写出的字母和你的书上的字母的同点。"

　　深思的孩子深深地、长长地吐了一口气，表示她所听到的话语已经在她的心里提醒了许多以前并不熟悉的事情，她便去做她母亲吩咐她做的事情去了。

灯亮拿来了之后，整个的景象便都改变了，莉娜的整个心境也改变了。她快乐地拿着亮，走进房里，她刚刚把亮放在桌上，她就跑去拿了她的心爱的书本，那书本是可以给她许多快乐的。

"来吧，请坐吧，亲爱的妈妈；书在这里。现在教我去懂得书里的字吧。"

"我很愿意的，我的亲爱的孩子；但是你也得把你的亲爱的爸爸的信拿来帮帮忙。他的信比你的写得干净、确切、完美得多，这是你所已经感到喜欢了的。我们现在需得这些比较完美的信件来做一个满意的比较。"

"现在拿你爸爸的信里的 I 字，看看书上印着的 ℐ 字，比较一下吧。你发现了什么没有？"

"在那里，什么都没有，只有直线；在这里，什么都没有，只有歪曲的线条；在那里有一根长、大、垂直的线条；在这里有一根大的线条，是顺着垂直的方向歪扭的；在那里有两根较小的、平行的、水平线条；在这里有两根差不多是平行的、顺着水平方向歪扭的螺形线。所以手写的 I 字的两根水平平

莉娜是怎样学会读书写字的

行直线和那两根水平的平行螺形线差不多是相反的，可是彼此相像，只有一点小小的分别，就是两根平行的直线的两端都伸出在垂直线之外，但是那两根平行的曲线却完全伸出在左边。"

"亲爱的莉娜，然则你在比较 I 字和 ʃ 之后发现了什么呢？"

"我发现两个字彼此相像，其中只有一点分别，就是头一个的线条是直的，第二个的是曲的。"

"现在让我们看看那两个 F 吧。你发现了什么没有呢？"

"我发现的差不多和以前是一样；在这里不过 ʃ 的上端的水平曲线伸出在垂直线的两端之外，I 字下面的水平线——这在 T 里面也是水平的——在 F 里面曲得更上一些而已。所以 F 和 ʃ 除了这两点小小的不同以外，它们又是彼此相像的。"

"很对很对，我的莉娜。现在在你所已发现的以外，再来把 L 和 ℓ 比较一下，告诉我你在它们的比较里面所发现的吧。"

"F 和 L 是相似的——只是颠倒过来而已——所

以在 F 上面的线就在 L 下面，反过来说，在 F 下面的线就在 L 上面，L 的中间没有指明 F 的三角形，同样，ℱ 和 ℒ 颠倒过来之后，除了那个小勾之外（在 ℱ 里面），它们是彼此相像的。"

"现在我们再来一遍，把它们全都来互相比较一遍吧。我的孩子，这些三度不同的字形是不是指示了你一些东西，它们在每类之内是相似的，但是在两类之间是相异的，而在这种异点上面又相像呢？"

"是的，我的亲爱的好妈妈，这同我们以前说过了的是一样，就是：第一类字母的线条总是直的，第二类字母的线条总是曲的，有时候位置上还有小小的变动。但是，妈妈，你知不知道它们最相近似之点是在哪里呢？这是在 T 字和 ℭ 字上面；这只是把第一个字里面的直线在第二个字里面换成曲线而已。"

"很好很好，我的莉娜。但是你今天下午曾经告诉过我，说你发现 B 字和 ℬ 字具有相似之点。这是什么呢？"

"呀，亲爱的妈妈，那你比我看得更清楚，能够说得更明白。第一个相似之点是，B 字里面的直线

在 𝔅 字里面又变成了曲线；不过 B 字里面的主线是根直线，在 𝔅 字里面没有变成一根双曲线，只是变成了一根简单的曲线；B 字里面的简单的圆形线在 𝔅 字里面成了两根不同的曲线；此外 B 字上面的小水平线在 𝔅 字里面变成了一个向下倾斜的曲线；但是下面的水平线是根据 ℭ 字的原则的，是一根歪扭的线。"

"你既已发现了这个同点，你就容易找出 R 与 ℜ、K 与 𝔎 的同点了。"

"是的，那是很容易的；那是看看 𝔅 和 ℭ 就可懂得了的。"

"今天已经够了。明天假如我有时间，我们一定再往前进。在此以前，你能不能够试用你爸爸的来信去在你的书上找出其余大写的字母，去知道它们呢？你越是把它们学得多，我就越高兴，你叔叔正午回家的时候，他也一定会觉得高兴的。现在我要去预备晚饭了。"

莉娜先晚就睡的时候，心里想着的是她的书本，第二早起身的时候，心里想着的就是书里的可爱的字母，和她母亲希望她找出书上其余大写的字母的愿望了。

莉娜一直到现在都是在一种方面周到的生的和谐里面教养起来的，没有预期到这种和谐，更没有真个知道这种和谐，尤其没有能力把这种和谐用一个确切的字句指明出来，不过在生活、动作、感情和心理方面表现了这种和谐而已；小心谨慎的母亲也在深思的、聪明的孩子身上养成了一种逐渐的期望，不是一种冲动，去为她的双亲，尤其是她的离家在外的父亲，以及一切亲爱的人们去向给予我们一切所受所享的善的上帝安静地作着祷告；去为他们向他去祈求；所以她一想起先晚谈话结尾的时候她的母亲所说的话，她的心里的愿望便不知不觉地用一种不大听得见的孩子话自己说道："你给予了一切善，你今天也让我去把妈妈和叔叔所企望的快乐给予他们吧。"

莉娜快乐地、迅速地穿好了衣服。热忱、勉励的母亲已经用她的爱，在头一天把孩子领导前进了，所以在她看起来，每一天都是一种宝贵的礼物，指示一种看不见的幸福的源泉。

快乐地吃过了简单而卫生的早饭之后，孩子便赶快把好心爱的书本，拿了出来，好在可能的范围以内首先去看看书里余下的大写的字母。

她慢慢地，作过许多比较之后，她的努力就得到了成功，认会了 𝔘 是 U，𝔓 是 P，𝔇 是 O，𝔇 是 D，𝔖 是 S，𝔄 是 A，𝔥 是 H，𝔐 是 M，𝔑 是 N，𝔚 是 W，𝔙 是 V，ℭ 是 C，𝔊 是 G；最后认识了 ℨ 是 Z。

所以不到正午，莉娜就能够在她的书上指出她父亲所用的一切字母了。

她的母亲还在忙着家务，没有能够回到上房里来。但是莉娜等不及了；她得在屋子里去找着她，在她做着事情的时候告诉她，说她自己很快乐，现在能够在她心爱的书上的大写字母上面指出她和她的父亲所用过的字母了。

"我一定赶快就到我们的房子里来，"她的母亲分享着孩子的快乐，这样说道。

"但是，假如叔叔能够回来，我也能够告诉他就好啊！因为他当然不知道，他也不会相信我已经知道亲爱的爸爸的美丽的书儿里面的大写字母了的。假如他来就好了！今天他出门去了这么久。"

"他去得并不比平常久，"她的母亲安慰道，"他一定会来的，安静地等着吧。"

他来了，这位十分被盼望着的叔叔来了。当她快乐地把父亲的礼物展示给他，告诉他昨天以来的进步的时候，莉娜的眼睛是何等的在闪耀着啊！她的叔叔衷心地分享了她的好好得来的快乐，他又让她在不同的页次上面寻到了同一的字母，让她在同一页上寻到了许多不同的字母，这更增加了她的快乐。

最后，莉娜的母亲也加入了这快乐的一对。她充分分享了这种快乐，这在叔叔的心里并不比这位快乐的小姑娘少，她紧紧地依附着她的母亲，好像已从她得到了一种使她得到成功的力量，希望从她更去多多得到似的。莉娜也时时用快乐、闪耀的眼光看着她的叔叔，好像叔叔的同情的注视可以使她更加清晰地看到她的心里所希望着的事情似的。

午饭刚刚吃过，莉娜就拿着她的两个宝贝——书和她的父亲的来信——坐在叔叔的身旁，想去和他一道比较，并且寻找两种字母的同点和异点，一道快乐一番，因为叔叔照例每天午饭之后是要在这小圈子里面消磨一些时候的。母亲做完了家务之后，不久也就加入了这个快乐的团体。三个人都明白地看到一个把以直线为主的字母变成一般印体大写字母的简单的、综合的法则，这就是——后者的直线在前者里面多半用弯曲的线条来代替，很少是用简单的曲线来代替的；后者的简单的曲线在前者里面是用突兀的、不规则的曲线来代替的；但是两种字母在内部的构造与各部的连接上面大体却是相似的。

莉娜现在在认识印刷体的大写字母上面表现了很大的技巧，但是她并不因此感到快乐，反而意外地怀着忧愁，向她母亲说道："但是，亲爱的妈妈，我还不能够读我的书，因为书里面的大写字母很少，每个字里面只有一个；但是小写的字母又这么多！我要怎样才能完全学会呢？啊，教教我吧！"

"不用着急，我的孩子，"她的母亲安慰道，她到房里的时候就预料到了这个问题的；"其实这些字母并不比你所已经知道的多；其中只有一小部分有一点点不同而已。假如你肯用心，自己肯照以前的样子去把它们加番比较，你是容易把它们学会的。"

"好的，那我明天一定会很快乐，"莉娜的叔叔站起来说道，"今天我得告别了，因为你知道，我有事情去。明天我们一定又和今天一样，会有一个快乐的集会。"

"那是一定的。"母亲说道。

"是的，那是一定的，"孩子说道，"假如亲爱的妈妈肯再帮忙我的话。"

"现在请你帮忙我吧。"叔叔去了以后，莉娜只说了这么一句。母亲懂得了孩子的简单的话语。

"在我身旁坐下，把你爸爸的两件礼物带在身边吧。我可以不必告诉你很多；你不久就会同以前一样，能够帮助你自己的，你会喜欢去帮助你自己，因为你现在已经知道了，凡是我们自己学会的事情就不独比我们从别人所学的事情能够给予我们以更大的快乐，因为我们从此可以得到对于我们自己的活动的有益的与有力的感觉；而且这样学来的东西，我们也更容易记住，将来也更随时可以挪来应用。我们学会的第一个字母是什么呢？指给我看看吧。"

"这就是的——$\mathcal{S}$。"

"它是从你以前所知道的那一个字母，把直线变成浪似的，或弯曲的线条而成的呢？把这个字母也指给我看看吧。"

"在这里，是从 I 字变来的。"

"是啊，$\mathcal{S}$ 是从 I 发生出来的，正同卷曲的、没打开的叶儿是从胚胎发生出的是一样。但是你知道——因为这是我们在我们的散步场和花丛里惊奇地注意过了多次的——多瓣的花儿生出简单的种子，好像再把自己收集在种子里面似的。所以，我的亲爱的孩子，别的许多东西也是一样的；它们必需再把自己变小——这就是说，它们必得自己紧缩起来，集中起来，方才真能有些用处。我们的印刷体的大写字母也是这样的；它们也必得先去简单化，自己紧缩起来，去掉一切装潢，方才能够达到它们的大目的，准备各种的快乐——从阅读方面。让我们再来看看吧。

"再看看你的书本吧。里面所有的小写字母哪一个最能够代表 $\mathcal{S}$ 和 I 呢？"

"我觉得是这一个。"

"你说的很对。你在小 i 字里面的确能够再又找到 $\mathcal{S}$ 字里面所有的一切粗细的曲线和装潢。它们紧缩成了一个合点；只有上面的装潢的一笔解放出来了，变成了独立的，虽则紧缩成了一个小点。现在再就我们所已知道的，去把 $\mathcal{S}$ 字和 I 字比较比较，好使两者之间的异点和同点在你的面前现得明白生动，好使你能够再在别的字母里面把它们找出来吧。你觉得那个小写的字母是代表 $\mathcal{S}$ 字的呢？但是我得事先告诉你，你应该去掉好些装潢，只留下主要的部分才行。$\mathcal{S}$ 字除去中间的曲线以外，哪是主要的部分呢？"

"我觉得主要的部分是右边的一小笔和那个曲线的顶篷。左边向上曲伸的小线很可以去掉。"

"我也是这样想。现在看看小写的字母之间那个有点和大写的 $\mathcal{S}$ 字相像吧。"

孩子在书上考查比较，怀着一些疑虑地望着她的母亲，同时手指着书上 f。

"让我看看你对不对吧。第一，那里有主要的一笔，不过更现得垂直，不大弯曲而已；第二，右边也有小小的一笔。弯曲的顶篷的主要部分也还存在；只是左边的小曲线没有看见了。你瞧，你是对的——小写的字母里面的 f，正就是大写的字母里面的 ℱ。我们现在要试试，去再在小写的字母里面找出一个和大写的字母里面一样的字；这样今天就够了。我的意思是 ϑ 字，你首先可以把它和它所起源的 D 字比较比较。看里面的主要部分是什么，然后再从小写的字母里面去把它找出来。"

没有多久的工夫，莉娜就比上次更确切地指出了 d。

"你瞧，这次你便容易地、迅捷地把它找出来了；这使我很快乐。现在我们要把 ϑ、D、d 三个字并排摆着，看你到底对不对。是的，真是这样的；主要的一笔它们都有——在第一个字母里面，它很弯，在第二个字母里面，它很直，在第三个字母里面，它便兼而有之了。主要的曲线在三个字母里面也都存在，不过在第一个里面，它是向下弯曲的；在第三个里面，它是反过来向上的；但是在第二个，中间的那一个里面，既不向下，也不向上，它是从垂直线直伸出来的。我们今天得停止了；你知道我是还有家事要做的。你，我的莉娜，假如你愿意，你就很容易再在你所已知的大写字母和你还不知的小写字母之间找出一些相似之点出来。明天你可以把你所找出的告诉我；现在你可以随意去玩耍了。"

"假如我可以，我愿意再到幼稚园去。"

"我很愿意的，我的孩子；你可以去找你的小邻居米那（Minna），和她一道去。"

"啊，假如我能那样做，那就好极了！我很喜欢小米那。谢谢你，亲爱的妈妈。"

两个孩子手携着手，快乐地走到幼稚园去了，那是她们在不久以前天天前去的；但是现在只有年纪较小的米那按天前去了。莉娜只是间或去去，因为自从她的父亲离家以后，她的母亲能够在她身上多花些时间了，而且她也过了幼稚园的年岁，久望

莉娜是怎样学会读书写字的

不归的父亲回家以后，她便得进小学校了。

但是现在在她以往的玩友和伴侣看来，她们觉得是久已没有和她在一道了的，她们全都爱她，这时看见了她，她们真是何等的快乐啊！莉娜再来加入她的以往常常快乐地加入的圈子，她又是何等的高兴啊！

她们问她，看她这段时间在家里做了些什么，现在还做着什么，世上还有什么比这种问题更自然吗？幼稚园的园丁也乐意地允许莉娜答复这些问题，好使她的小小听众知道孩子们在家里也是可以忙着的，使她们知道良好的孩子们事实上在家里也确是忙着的，因为她知道了莉娜所做的事。

但是莉娜首先说的——因为她的心里充溢了这件事情——是她的美丽的书本，这是她的离家的父亲因为她写了信给他，寄给她的。

"写信！"孩子们惊异地叫道。"你是从哪里学来的？是谁教给你的？"

这些问题以及别的种种问题便都立刻向她追来了。她告诉她们，说她母亲最初怎样教她用棍儿摆出自己的名字。

"告诉我们吧——告诉我们你的名字用棍儿摆出来是个什么样子吧。"

"对啊，"幼稚园的园丁说道，她宁静地在听取孩子们的谈话，这时她开始相信孩子们是可以不自觉地互相教导，愿意互相学习的——"对啊，告诉我们吧，因为我们有用直棍儿摆出的花样；那正来得很好。来吧，你自己坐在桌子中间吧；好让孩子们个个看得很清楚。"

莉娜摆出她自己的名字，告诉她的往日的伴侣，那些符号是表示 I、A、L 和 N 的。

"你也能够摆出我的名字吗?"米那站在她的旁边，劝诱地说道。

"啊，那容易，"莉娜说道，"听吧——你的名字的声音差不多同我是一样：米那——莉娜——只有头一个闭音不一样；中间的一个闭音，你可以听得出是重复的。"这时她便容易地把米那这个名字用棍儿摆出来了。

"啊，假如我们也摆得出我们的名字就好啊!"

莉娜是怎样学会读书写字的

大些的孩子们说道，"教教我们吧！"

"那我是一定的；但是你们首先得把自己的名字非常清晰地说出来，找出它们的组成的部分，看哪些音是开音，哪些音是闭音；然后你们便得学会每个音的特有的、专有的符号。"

"亲爱的园丁（孩子们爱这样去称呼她们的心爱的培育者，如同她爱把她们叫作她的植物与花儿一样），一定高兴教给你们，如同我的好妈妈教给我一样。"

"一定的，"幼稚园的园丁和善地答道，"不过我们也得履行莉娜向我们提到的条件：这就是我们先得清晰地说出来。"

"啊，一定，我们一定。"孩子们全都这样说道，她们懂得她说的是什么。其中有些孩子便爱慕地依附着幼稚园的园丁；有些便用快乐的感激的态度望着那位快乐的小姑娘的澄清的眼睛。有两个孩子恳求地拥抱着她们的伴侣的颈项，因为这时她想要走了。

"别走，你还不能走，莉娜——她一定要走吗？"

全体的孩子们都恳求地、怀疑地问那和善的园丁道，因为她们相信她是可以实现她们的愿望的。

"莉娜是得照她自己所愿意的去做的。"她答道。但是在莉娜能够答话以前，孩子们便把她拖到圈子里，去玩她们得意的游戏鸽子，去了，玩完以后，跟着又玩了两个游戏。这时莉娜急于要回家去了。那两个对她具有一种特殊的、沉默的友谊的孩子又拥抱着她，吻她的面颊，说道：

"下次早些来吧；你给我们带来了美丽的东西。"

"对啊，下次早些来。"一个健康壮丽的差不多有了五岁左右的男孩子的精力饱满的声音这样响应道，这孩子在此以前，他是和几个同年岁的伴侣在缄默地静听着，深思地观察着这位小先生的。

行将离别的孩子差不多完全不由自主地点了一点头，说了一声热烈的"是啊"，便出门去了，门也跟着关上了；由于那些孩子们的注意（因为一个发展总是要引起第二个发展的）她已差不多不自觉地引起了一个急切的愿望，要在家里努力去满足她的母亲的希冀和企望。

"是啊，你瞧，"爱护孩子们的幼稚园的园丁说道——她总是利用一切情境去领导她所照料的孩子们，使她们注意身外的生活现象，尤其是去观察她们自己的生活和动作的——"你瞧，知道一些事情，能去教导别人是何等的好啊！莉娜比你们中间最大的只大得一点点，不久以前她还是你们的玩友，是我们大家的玩友；现在她却来和善地教给我们美丽的事物了。你们知道，凡是用心的、勤劳的人，即在年纪轻轻的时候，对于别人也是有用处的呢。"

但是莉娜的短短的访问不仅对于孩子们有用处，而且也给他们带去了很大的好处。她的访问已经使得他们注意一切关于形状的辨识与关系的事情；因为在知道怎样摆出字母这件事情上面，一部分是要依靠这一点的；尤其要依靠的是注意说话的正确，以期学会写字；因为即使年纪最小的孩子，要去满足对她的要求，她便必得有一种感觉，这种感觉无论如何朦胧，她也要知道这种意志的运用对于她的能力所加的需索，是可以生出有益于他的事情的。

孩子的这种期望并不是一种潜伏的自私自利，

乃是精神上的自我，自立的欲望与行动，以及愿意自己与整个环境的关系变得和谐的希冀的自然的结果。

莉娜从幼稚园回去以后，她的第一个动作就是照着先天正午一样，去比较她的心爱的书上的她所认识的大写字母和上面的小写字母，想去找出相符的字母出来，这她真个做成功了，使她很快乐。第二天早晨也是一样：她做完必做的清洁、布置和扫除等等小事情，吃过简单的午饭以后，立刻就去找出她的无言的教师，它便教她——在她母亲的深思的指导之下——去启示，并且教导她自己。

她首先再把大写的字母彼此比较一遍，不久就发现了其中有些有三根主要的线条，有些有两根，有些有一根，虽则线条尽管非常弯曲。她又发现，在各种钩状线、弓状线或曲线里面，哪些是主要的，哪些不是。她发现小写的字母里面的情形也是一样——只有三笔，两笔，甚至一笔是主要的（有时有小小的笔画、圈儿或曲线，有时没有）。所以她就发现了许多小写的字母，它们与相当的大写的字母之间的同点现在立刻就找出来了。她对于某些小写的字母的情形当然是这样的，虽则她经反复比较之后，还不能够完全看清自己的路途。在这种种困难之中，她希望她的母亲来看看，来指导。所以她怀着快乐的期望，等待正午的来到，那时她就可以把自己所发现的告诉她母亲了；当她母亲因事到了房里的时候，她便快乐地叫道："我又知道了十二个小写的字母。"

"我很高兴听到这个消息。等我们吃过午饭以后，你就可以把它们指点给我，那时我们就会要来考查考查你所发现的了。现在你可以去做别的工作，然后再去准备正午所必需准备的事情。"

莉娜所久已企望着的正午终于到了；但是莉娜同样企望着的叔叔比平时迟了好久还没有回来，这时莉娜便只好练习忍耐，不能够把她的进步和她在进步里面所得到的快乐去告诉他。但是最后叔叔终于回来了，他是被事情耽误的。他和莉娜的母亲说话，因此莉娜没有法子使他注意到她的心爱的字母。最后，希望中的机会来了，莉娜吐了一口忍了很久

莉娜及其他（教育散译之一）

的长气，把自己用功的证明拿出来，对她叔叔说道：
"唉，亲爱的叔叔，我现在差不多把所有的小写字母
全都认得了，我不久就可以去读爸爸的美丽的书儿
了。——但是你看这里，亲爱的妈妈，看我对不对，"
她指着她在父亲的信里和她的书内仔细比较之后所
发现的、具有同一意义的字母：M，𝔐，m；N，𝔑，
n；U，𝔘，𝔲；W，𝔚，𝔴；V，𝔙，𝔳；O，𝔒，𝔬；
P，𝔓，p；H，𝔥，𝔥；B，𝔅，b；S，𝔖，𝔰；K，
𝔎，𝔨；R，𝔑，r；Z，𝔷，𝔷。她所怀疑莫决的字母是
𝔄，𝔞；𝔈，e；𝔊，g；𝔔，q；𝔗，t；𝔗，c。她所完
全不知道应当放在什么地方的字母是ſ，ff，ft，ſʒ，
ch，ſch，ff，i 别的几个字母。"亲爱的叔叔，你肯
告诉我这些符号的意义和它们应当怎样说法才能听
见吗？"莉娜对他恳求地说道。

　　"那我一定愿意的，我的孩子，尤其是因为我有
空暇的时间，因为我在早上就把下午的事情做完了。
但是我不能侵略你的妈妈的教导的职务，她是教得
非常之好的。"

　　"你既然有时间，现在就请你教吧；这可以格外

使得我高兴，因为今天还有许多事情要做。过后我再，"她取笑地接着说道，"试试你们，看你们两个人把工作做得好不好。"她道了别，和善地点了一点头，便离开房子去了。

"现在把你的石板和石笔拿来到这里，让我们试试我们所做的吧，"她的叔叔说道。

叔叔是会画一点点图画的，他首先把每个可疑的字母的三种形状明显地并排勾画出来；然后再把每个字母画出两种形状，一个画在另外一个的里面。这样一来，莉娜就容易看得出，在某种形状里面哪些东西是多余的，在另外一种形状里面哪些东西又不够，但是主要的是看哪些东西是主要的，是三种形状里面所共有的；因此孩子的将近消灭的疑问竟变成了完全有把握的把握，使她非常高兴。

"但是别些单个的字母，看去似乎无所属似的，我们怎样办呢？"

"你瞧，莉娜，"叔叔说道，"你再仔细把它们看看吧；它们多半是由两个以上的字母组成的，那些单个的字母你多半都已认识。你所不认识的少数字母是这个，是这个，"一面手指着 f 字和 i，"你不能够在你所认识的字母里面找出这两个字母，这不是你的错处，因为它们改变得很厉害。两个美丽的曲线字母 S 和 ☺，它们变直了，变成了 f，所以再不容易认识了，虽则后者只是简简单单地从前者变化出来的。"

"我很能够想象到这一点。它好像一根弯曲的线，差不多完全变直了。"

"很对很对；现在你就可以说出它们是什么字，并且读出它们的声音来了，这是你在以前所不知道怎样去做的。你瞧，首先是 ff 字。"

"啊，那很容易。这是两个 f 的合写。"

"那个呢？"叔叔指着 ft 问道。

"那也很容易，这是一个 f 和一个 t 字合在一道。"

"对啦，而且是当作一个开音读的。你知怎样用你的字母去写这样连接的、复合的开音吗？告诉我吧。"

"那我很明白，那是 ST。"

"你不能够找出这个字母，"（手指着ʒ）"也不是你的错处。这也是一个复合的字母——就是一个 f 和一个 ʒ——意思是要把开音 f 高锐地读出来。"

"是呀那我也知道。妈妈把它的符号告诉我了——那是 SS。"

"很对很对。你这样注意你妈妈所说的话，使我很高兴。我要告诉她我是何等的高兴。但是现在你也必需学会去解释这个复合的符号，"（手指着 cʃ）"并且去读出它的声音。仔细把它看看吧，它的个别的符号你是知道的。"

"唉，这些符号我知道得很清楚，它们是 c 和 ʃ。但是在 cʃ 字里面，我不能够把两个字母读成一个声音。"

"不能够？我觉得你是能够的。你妈妈是怎样教你去写这两个符号或字母的呢？在石板上面告诉我吧。"

"那我是非常明白的：是 C 和 H。"（她把这两个字母都写在石板上面。）

"假如要你把这两个符号读成一个音呢？"

"啊，现在我知道了：ᴄᑫ是指的 CH 的开音。"
她迅捷地把这个符号画在石板上面，毫无困难。

"你瞧，个人只要用心，只要肯用心去比较，有
好些事情他是容易自己去找出来的。此外我们还有
一个由三个字母组成的符号，"（手指着 fᴄᑫ）"你能够
给我把它分析出来，指出它的声音吗？"

"让我试试吧，叔叔。这不是 f、c、ᑫ 三个字母
连成的一个符号吗？"

"好的，但是你在由你的好妈妈指导写字的时
候，你岂不记得你已经把它们连合起来了，指明它
们是一个单音了吗？"

"当然，我现在知道了，因为你肯这样帮忙我；
它是 SᴄH 的符号，声音是（她发出那个声音）。"

"现在我们还有一个你所不能解释的符号——
就是这个（i）；但是你已经学过了一个类似的字母。
你还记得吗？"

"当然记得，那是 i。"（在画上找出来，指了
出来。）

"好的，那个大写的字母，你的哪一个字母和它

相似呢？"

"I 和 ℑ。"（手指着信内和书上的这两个字母。）

"现在你要知道，I 和 ℑ 的符号或大写都有两个声音；第一，是 i 的声音，比如 Ida 这个名字里面的；第二，是一个柔和、流利的开音，如同 Julie 和 Johann 里面的。"（德文的 J 和英文的 Y 音一样。——英译者）

"假如这个柔和、流利的开音要用小写的字母去代替，就用 i（j）这个符号或字母，这个符号你所看到的很不错，是像小写的 i，不过下面变得比较长，以期表明它的流利而已。所以你知道，i 这个小写的字母是代表一个与 g（在书上指出这个符号）相似的开音，不过极其柔和而已；比如你说（用德文）'那张图画使我喜爱'（Jenes bild gefällt mir）'我要那个玩偶'（Jene puppe möchte ich haben）就是。"

"我全知道了这些小写的字母，又能够在大写的字母里面把它们寻找出来，告诉妈妈，我真的是何等地高兴啊！我是何等地感谢你，叔叔（她搂着他），因为你对我这样好，这样用你的图画来帮忙我。假如不是那样，我是不会这么容易找出来的！"

"你是对的，我的孩子；图画可以使注意与考查更加来得容易得多。所以你要注意你妈妈给你的关于图画的教导。它后来便会像一道光明似地，在你并没期望的时候也会多多给你指点道途的。但是现在我也得去了。你还记得你妈妈临走的时候所说的取笑的话语吗？"

"啊，记得，她说她后来要来考查我们，看我们是不是把我们的工作也做好了。"

"你记得很不错，既然我们都得受考查，你便得非常仔细地再去全部看看。今天少别了。请你替我向你妈妈告别。"

"再见。"

现在莉娜的第一个动作就是按照她的叔叔的建议和请求，打开她的画本，去读出她所愿读的符号或字母。她把这件工作成功地做过几次之后，就跑到母亲那里，给叔叔转了口信，把她的新得的进步和叔叔的帮助告诉她。"早点来吧，我好告诉你。"

"我很高兴。我知道你的叔叔会画画，他教得

莉娜是怎样学会读书写字的

113

一定比我更容易，更好。现在，我的孩子，去做你的日常工作吧，我不久就会准备好，就会来看你的。假如你在我来之前就准备好了，就好好地做完了你的工作，你可以随意去玩耍。"

"那时可以去找邻居的米那，去和她组成，或建造一些东西吗？"

"假如你做完了你的工作，你是可以去的。"

"啊，那就好！——那就好！"

这位小姑娘真是快乐极了。她在叔叔指导之下所做的作业，这样得来的进步，和新得的知识，全使她感到非常快乐，她又怀着一种快乐的希望，知道工作好好做完以后就可以和她心爱的邻居的小朋友去玩耍，这就使她的心灵里面觉得非常恬静，因此她的剩余的工作不独比平时完成得快而且也做得非常之好，她相信后来告诉她的母亲的时候，母亲一定也会感到满意。于是她便跑到她的小邻居米那那里，要求她道："跟我来吧，米那；我们可以去玩耍；这是我妈妈愿意的。去问问你的妈妈，看她肯不肯让你同我到家里去玩耍吧。"莉娜的话刚刚说出口来，米那便跑到她母亲那里，要求许可去了，她得到了许可回来。

"把你的大玩偶带来，把你的建造用的箱匣和你为摆布与组成之用的棍儿都给我。我们要做幼稚园玩耍教我们的玩偶去建造、摆布、组成、计数、写字和读书。"

一个快乐的游戏不久便开始了；但是快乐的孩子们在用心地、忙碌地做事情，时间过得很快。

"米那，"莉娜在游戏开始不久之后，热切地说道，"我们应当把我们的玩偶所建造、所组成的种种东西留下来，好让妈妈来的时候知道我们的玩偶能够做些什么了——计数、写字和读书。"

母亲来了。

"啊，你们在那里有些什么呢？整整的一个市场吗？"

"对呀，我们玩了幼稚园。你瞧，我们的玩偶做出了多少美丽的东西！它们并且会算，会写，会读。你看看这里吧：我的玩偶把它的名字范丽（Fanry）写出来了，米那的玩偶也把它的名字安娜（Anna）

写出来了。它们又能够读书——你听吧。安娜能够读范丽的名字，范丽也能够读安娜的名字。"她以为她的想象的创造会在她母亲的心里反映出来。母亲也真个和孩子们一样欢乐，不过方式不同，原因不一样。她所高兴的是，人生给予孩子们的教导已经变成了孩子们的生活的一个重要的部分，因此又在充实、新鲜和健康的人生上面开了花，结了果。

"这些全都非常美丽，"母亲说道，"你们的玩偶很用功，现在它们须得再歇一歇了；但是在它们临走以前，你得告诉它们，它们必须把东西放得有秩序，每件东西都得放在它的原来的地点。然后谢谢米那陪了你玩耍，带她回去，也要谢谢她妈妈，因为她让她来。你要早些回来，那时我就可以如你所希望的，看看你叔叔教了你些什么东西了。"

她的母亲还没有知道，莉娜就已经回来了，向她恳求地问道："你留在这里，岂不是好让我把叔叔教给我的东西告诉你吗？"她没有等到答复便握着母亲的手，把她拖到桌子的跟前。"来，请坐吧；我可以在这里把叔叔教给我的全都告诉你，告诉你他是怎样教给我的；因为你瞧，它们全都还在石板上面呢。"

于是莉娜首先便把A、𝕬、α，E、𝕰、e，G、𝕲、ɡ，Q、𝕼、q，T、𝕿、t，C、𝕮、c等等字形的关系和发展告诉她母亲，说她懂得它们，能够把它们重新写在石板上面。她在这样做着的时候，因此又更加明白了许多事情，因为她忘记了的，或是叔叔解释的时候没有注意的地方，母亲都使她注意到了。她又为她母亲读出了i、f两个符号，F字所形成的复合字母 ff，ft，cʒ，fch，ch，以及复合的、高锐的 ff 的声音。

"我一定要去求你的叔叔，做你的未来的先生，因为你懂得他的教导，并且同样容易地记住了他的教导。"

"你瞧他给我全都画得多么好！好像这一件是从那一件生长出来的一样，正与花儿生自胚胎，花儿又生果实似的。关于这一点，你知道你是曾经何等漂亮地在我们的开着花儿的苹果树和你所拾来的六月里的苹果指示给我过吗？"

"对呀，你瞧，我的好孩子，有许多事情是很难用言辞去表示出来的，甚至不能用言辞去表示，我们却可以用图画表明出来；并且，自然的生动的形状就可以把我们在言辞和图画里面看来是沉寂的，甚或是死亡的真实给证明出来。所以，我的亲爱的女儿，你要十分尊重这密切地相连得像三个相爱的姊妹似的先生，就是：生动的自然、代表的图画和解释的言辞——后面这一种可以听取，也可以读到。一个解释一个，使它所说的更易了解。"

"我的亲爱的妈妈，我真高兴我的和爱我们的爸爸给了我这本美丽的书本，因为我现在在书里面能够读会许多字儿了；我一认识小写的字母之后就能够读书了。我可以告诉你吗？"

"是的，我很愿意听听。"

"啊，这很容易；它们是你教我书写的，并且是我能在爸爸的信里去读的同样的字母和字儿。你瞧，我可以把我现在所能读懂的字儿全都指给你看：in, im, an, am, um, ein, mein, meine, nteines, dein, deine, deiner, deinem, deines, nein, fein，fein，bin，nimm，fann，man，fam，ba，bas，bach。瞧，这里整个的一行我都能读：孩子哭的时候，一个人立刻进来说道：'你要什么，孩子?''我要到我妈妈那里去。'孩子说道。"

"读得真很不错，"母亲对莉娜说道，"不久你便整本书都能读了，至少明天你就可以把第一个故事试试。"

"是的，假如你肯帮忙我，我是可以做得很好的。"

"假如一个字你不能够立即读出来，你应该在知道它的全部字母之后，立即就用手写的字母把它写出来，那时你就更加容易读出来了。"

"我到了能读全书的时候，我会何等的快乐啊！"

"好的，我们明天再看吧。现在你已经够了。现在我们须得去做别的事情去了。"

那天晚上在吃过晚饭以后，就寝之前，以及第二天早上做过早上的事情以后，莉娜都手里拿着心爱的书，试着去读书上的头一个故事，从头到尾，大声地自己读着，结果成绩很好，她能够把书上的

莉娜是怎样学会读书写字的

119

第一个故事大声读给母亲和叔叔听了，心里快乐得
怎怎着在跳；当她母亲进房来做另外一件工作的时
候，她简直瞒不住她的快乐了。

"你好像很高兴，这是今天正午的一个吉兆啊。"

莉娜快乐地笑着，去做她的工作，因为工作本
很快乐。使她母亲、叔叔和她自己都高兴的是，莉
娜把书上的第一个小故事读得很正确；不过她的母
亲须得先使她注意音标的意义而已。

对于莉娜在她的小小书本上的进步所生的一般
的欢乐略微沉寂下去之后，她便悲郁地搂着她的母
亲说道："我只希望我能大声地把故事读给爸爸听，
使他听见我能够读他的书就好了。"

"好的，"她的母亲答道，"假如我们写封信告诉
他，说你今天正午大声地把第一个故事读给我们听
了，他是会相信我们的。但是我知道此外还有一个
方法，你可以向你的爸爸证明你读了那个故事。把
故事亲手用你的字母抄一段给他；因为你爸爸容易
知道，假如你不能先读书上的东西，你是不能够写
下来的。"

"那个办法真好极了！你的好妈妈真知道怎样把良好的建议给予每一个人！"她的叔叔说道。

"啊，那真好！"莉娜说道，她高兴了，"亲爱的妈妈，请你给我一些纸，给我画几根线吧；我立刻就要写了。"

"纸张和别的你所需要的东西，你都立时可以得到，但是关于写信一层，你可不必这样性急；你还可以多费一点力气，因为这几天我还不发信去。"

"那很令我高兴，"叔叔说道，"否则我便会有一点都看不见莉娜的工作的危险了。因为下雨天我有事，不能够来看你们。但是我回来的时候能够看见一些新的事情，我更高兴。现在再会了。"

此后数日之中，莉娜便忙于做她自己所做的工作。她得了母亲的和善的帮助，结果使得母亲很满意。自己很快乐，叔叔对于小莉娜的发展是具有出自衷心的兴趣的，几天之后，他就如他所应许的回来了，他坐在餐桌旁边，也很快乐。

饭才刚刚吃完，她便得了母亲的允许，把自己的作品拿给她的叔叔去看。

"但是这张纸多么大！"她的叔叔说道，"只怕信里面装不进去呢！"他又取笑地接着说道。

"啊，对啦，"莉娜恳求地转向她的母亲说道，"亲爱的妈妈，我希望我能写得像你和爸爸所写的一样小，能够用那样的字。你们写得真快；并且你们用的纸也没有我用的这么多。妈妈，请你教给我吧！请你！"

"是的我的孩子，那是可以做得到的！但是现在你爸爸不在家，我的时间不够我们做这件事情所需的。这你可以在预备学校里面学得更好一些，我望你爸爸不久就可以回来，他回来了你就可以进去。在此以前，你便只好满足了。你可以读你的书去消遣。"

"啊，是啊；到了那时候我就可以写得同你一样了。"

赛拉斯的教育（节译）

第一篇

色诺芬

我们以前就有机会回想过：我们想到过民主政治因为大家想要改用别种政体，它是何等的一而再再而三地被人推翻，我们想到过君主政治与寡头政治又是何等地一再被民众运动掀倒，我们想到过那些想行专制的人更是何等地常常遇到失败，其中有些人在刚刚起事的时候便被人家当头一棒，倒了下去，至于其中有一部分能够统治一个很短的时期的，大家便觉得惊奇，认为是一种了不得的能干与成功。

　　我们相信，同样的教训也可以从家庭里面得到：不管大家庭还是小家庭——就是在小家庭里面，做家长的人也很不容易得到他的少数的家人的服从。这样联想起来，我们就不禁生出了一种想法：贩卖牛羊的人当然可以看作他的牛羊的统治者，饲养马匹的人当然可以看作他的马匹的统治者——总而言之，我们是有理由把他们看作他们手下的牲畜的管理人的。假如我们可以相信我们的感觉的证明的话，那么，牛羊马匹之服从它们的管理人，岂不显然是在我们人类之服从我们的统治者之上吗？你可以看看它们走路的时候，牧人要它走到什么地方，它们便走到什么地方，你可以看看它们在牧场上吃草的时候，牧人不准它们前去的地方，它们便不前去；它们对于自身的产品，完全听凭主人按照他所认为最好的方法去使用；并且我们也从来没有看见过有一群牛羊马匹，全体联合起来去反抗他们的保护者，不服从他，或者拒绝他有绝对支配它们的产品的权力的事情。它们敌视的反是别些动物，不是从它们身上得到利益的主人。但是人类里面的情形便恰恰与此相反了，人类最爱联合起来去反对的是他们认为想要统治他们的人物。我们这样想去，我们便不能不得到一种结论，认定人类的天性适宜于管理一切动物，但是不宜于管理同类的人们。不过一旦我们认识了波斯的赛拉斯（Cyrus the Persian）的品性之后，我们这种心理便得改变了：这位人物凭着自己的本事，得到了无数都市与无数部落里面千千万万人类的服从，这我们就应该问问我们自己，看采用正当的办法去统治人类到底是不是真正办不到的，是不是一件困难的工作。我们知道，赛拉斯的人民对赛拉斯是极肯服从的，虽则他的人民有些离他很远，要许多日子才走得到，中间还有不少的人从来没有见过他的面，并且也自知决没有见他的希望，但是他们都很愿意服从他。赛拉斯真是赛过了身前身后一切别的君主，他不独赛过了一切从父兄手中得到权力的君主，而且赛过了一切由自己努力挣得天下的君主。我们要知道他赛过他们得多，我们只须记得：大月氏的人口（Scythians）虽有成千成万，但是他们没有一个人在统治异族上面得到了成功；他们的国王，只要能够把自己的部落统治得住已经就很不错了。色累斯人（Thracians）和伊利利安人（Illyrians）也是一样，其他我们所知道的民族也无不一样；在欧洲方面，他们的情形到现在还是各自独立的，那种分裂的状况好像永久不会改变似的。当赛拉斯领着一支小小的波斯军队，发动他的事业的时候，亚洲方面各部落各民族便是处在这样一种情形之下。密提阿人（Medes）和赫开尼阿人（Hyrcanians）对于他的领导是自愿地接受了，但是叙利亚（Syria）、阿西利亚（Assyria）、亚拉伯（Arabia）、卡巴多喜阿（Cappadocia）、两夫利基阿（Phrygias）、利提阿（Lydia）、开利阿（Caria）、腓尼基（Phoenicia）和巴比伦尼亚（Babylonia）却是被他征服之后方才服从他的。然后他又统治了大夏人（Bactrian）、印度人、西利喜阿人（Cilicians）、萨西人（Sakians）、巴夫拉哥尼阿人（Paphlagonians）、麦哲提提可斯人（Magadidians）以及许许多多别的部落，那种种部落单是名目一项便够一个编年史家去苦记的；最后他又把亚洲的希腊人（Hellenes）归入了他的统治之下，并且远达海滨，把赛普拉斯（Cyprus）和埃及也都得到了。

在这许多民族结成的集团里面，能说赛拉斯自己所说的语言的人当然是很少的，他们也很少有人能够彼此懂得对方所说的语言，但是赛拉斯的人格真够慑人，他用他的慑人的人格渗透了广漠的土国，使得全国的人民都向他低头：没有一个人敢于举起手来反对他。但是同时他又能够鼓舞全国的人民，使他们生出一种极深的愿望，要去取得他的欢心，服从他的领导，而且只服从他一个人的领导。这样一来，他便把这许许多多错综复杂的民族全都团结在他的手下了，他的国土极大，无论从他的中心的宫殿朝着东西南北任何一个方向走去，单是要能走到国土的尽头，都够使人吃累不下的。我们对于他的景仰，现在既已证明了他是可以受之无愧的，我们便得考察一番，看看他的家世是怎样一个情形，他的天赋是怎样一个状况，并且看看他是受了怎样一种训练与教养，方才达到这样一种善于统治人类的境地。我们打算尽量把我们从别人所知道的或是自己所能引申的关于他的材料，设法写述出来。

据说赛拉斯的父亲是卡姆拜西兹（Cambysis），卡姆拜西兹是波斯人的王，属于柏塞得族人（Perseidae），柏塞得人是以柏喜阿斯（Perseus）为他们的种族的创始者的。他的母亲大家认为是密提阿王阿斯泰泽（Astyages）的女儿曼丹（Mandane）。至于赛拉斯本人，从现在东方的歌谣传说里面就可以看出他生来是一个最漂亮的人物，他有一颗爱人类、爱知识、爱荣誉的心。为了荣誉，他不惜忍受一切的劳苦，他不怕冒犯一切的危险。他的身心具有这种天赋的美德，所以直到现在，始终被人记得。赛拉斯所受的教养当然是根据波斯人的法律与习俗的，不过我们要知道，他们这种种法律的目的虽则也与别的地方的法律一样，是在求取公众的福利，但是它们的指导精神却与多数国家所根据的远不相同，一般国家多半允许国民按照自己的主张，去教养自己的儿女，允许成年的人按照自己的意思去调节自己的生活，国家只去立下一些禁条，如同不许抢夺偷窃，不许闯入别人的家宅，不许无故打人，不许与人通奸，不许违抗官府的命令，等等；凡是违犯这种种禁令的人，国家便要科以刑罚。但是波斯的法律却从根本上先去着手，它使国民的心里根本就不能够去作任何邪恶的或可羞的行为。下面是他们达到他们的目标的方法。

他们的城市里面都有一块献给自由的空地或方场（他们把它叫作自由方场），国家的宫殿和政府机

莉娜及其他（教育散译之一）

关都建立在那里。这个地方绝对不准售卖货物，绝对不准小贩在那里叫嚣呼唤。他们必须到别的地方去。免得在那里叫嚣吵闹，妨碍了受教的人的尊严与安宁。这种政府机关所在的方场是分作四部分的，四部分各有各的用途：一部分是给男孩子用的，一部分是给青年人用的，一部分是给成人用的，一部分是给过了服兵役的年岁的人用的。法律规定全国的国民在某些时间与季节必须都到指定的地点集合。孩子们与成人必须在天晓的时候来到；至于长老则除了在某些固定的日期也须与别人一同来到以外，此外他们可以自由选定他们到会的时间。青年人晚上必须身边携带武器，睡在政府机关的附近；其中只有结了婚的人可以避免，除非吩咐他们前来，他们晚上可以不必服役，不过他们缺席的次数如果太多，也是被认为不合适的。四级之中每级上面有十二个监督，十二是波斯所有的部落的数目。男孩子的监督是从长老中间选择出来的，选择的标准是选最会领导孩子的人；青年人的监督是从成人中间选择出来的，根据的也是同样的原则；至于成人们自己的监督，则所选的必是最能使得他们努力职守，执行上级的命令的人。最后，长老也有他们自己的领袖，选来监督自己充分履行自己的职务。

我们现在可以谈谈各级所做的工作，由此就可以看出波斯人是怎样努力改进他们的国民的。男孩子要进学校去学公道与正直：他们可以告诉你，他们进学校为的就是那个目的，他们说孩子学公道与正直就正同我们说孩子求学问是一样的自然。教师一天到晚所做的主要的事情是处理学生们的案件：因为在这个儿童的世界里面也正与校外的成人世界一样，诉讼的事情是决不缺少的。我们知道，他们也有关于强夺、偷窃、暴力、欺诈、诬谤等等事情的控诉。教师听案，犯了的人如果有罪他便加以处罚。但是诬告同学的人也逃不了处分。此外还有一种为法官所愿处理的案件，这种案件在成人里面是许多仇恨的根源，不过他们通常很少告到法庭里去，就是忘恩负义的案件。一个人如果受了别人的恩惠，自己有了报答的力量不肯报答，他就会受到严重的责罚。他们的理由是说，凡是忘恩负义的人最容易忘却自己对于神，对于父母，对于祖国和对于朋友的责任。他们认为不知羞耻是跟着忘恩负义来到的，所以忘恩负义就是一切卑劣的行为的主要的始作俑者。此外，孩子们又学着节欲，学着自我克制，他们天天看到长老们的自重的行径，所以在学习这种德行上面便得到了绝大的助力。他们又学着服从他们的统治者，在这里，长老们的随处刻意服从权力又是具有最大的价值的。他们还受到一种教训，就是节肉节酒，在这上面，他们得到两种最好的助力，第一是长老们的榜样，他们不到在上者准许他们退去的时候，他们绝不私自退出，去贪图这种口腹之欲；第二是有一条规则，规定孩子们不准与母亲一道进食，只准与教师一道进食，并且要等候监督发出命令，方才能够进用。他们从家里带点食料，带点干面包与荷叶莲去，以为佐餐之用，又带个茶杯，以便在溪流里面取点水喝，聊以解渴。此外，他们又学习射箭与掷枪。

　　孩子们学习到了十六七岁的时候，他们便成了青年人。

从此以后，他们的时间是照下面所说的情形去花费的。他们在十年以内，晚上必得像我们所说过的，睡在政府机关的左近，这有两个理由，一则为得可以保护社会的安全，二则为得可以练习自我克制的能力，因为波斯人认为人生在这个时候是最需要小心照料的。他们白天就到监督跟前去，去为国家服役，到了必要的时候，他们便集合留在政府机关的附近。此外，国王每月要出猎几次，出猎的时候每次把他们带一半去；每一个人要带上弓箭，一把装在鞘中的匕首或佩刀（Sagaris）吊在箭袋旁边，一张盾，两支标枪，一支准备抛掷，一支可在必要的时候作短兵相接之用。这种公准行猎的理由是不难明白的：国王领导行猎就正与领导作战一样，他亲身站在猎场的最前线，让部下跟着前进，因为他们觉得行猎的本身就是备战的一种最好的练习。它可以使得一个人习于早起；它可以使他忍耐寒热；它可以教他尽量进行得快，跑得快；野兽到了跟前的时候，他便必得立刻把箭射去，用枪掷去；而且他一旦遇了凶猛的动物，他的精神便不能不振作：

野兽近身的时候，他必得杀去，野兽扑来的时候他必得防备——实际上战争里面所有的情形在行猎的时候，很少是没有相当的情形的。接说下去吧，青年人出发的时候所带的粮食自然比孩子们多，不过此外全是一样。他们正在行猎之际是不会想到要用早餐的，唯有到了为狩猎或某个猎人之故，不能不停下来的时候，他们方才用顿晚餐，当作早点，第二天又接着打猎，一直又要打到晚餐时候；他们把两天看作一天，因为他们两天之中只吃了一天的食物。他们之所以这样磨炼，为的是到了战争之际，万一有了同样的需要，他们便可以受得住了。这些青年人所吃的除了面包以外，还有行猎所得的一切野物可以佐餐，如果没有所猎，那就只有照孩子们一样吃荷叶莲了。假如有人问我，说他们只有荷叶莲作为他们的唯一的调味品，只有白水作他们的唯一的饮料，他们用餐哪能有味道呢？那么，他就不妨想想，饿了的人吃点大麦面包和小麦就觉得够甜了的，渴了的人喝点白水就觉得够有味了啊。至于没有跟去的青年，他们的时间便用在射击和掷枪上面，同时仍旧练习少年时代所学的一切技术。除此以外，他们又可以参加公众的竞技，可以去得奖品；无论哪个部落，若是它的青年在技能、勇敢与忠诚方面出人头地的人数最多，则全国的人民便都赞颂他们，大家不独因此尊重他们当时的监督，而且也会尊重在少年时代训练他们的教员。而且如果国家有了卫戍的工作，或者需要追缉罪犯，逮捕盗贼，以及其他种种需要臂力，需要脚力的工作，国家的官吏便会雇用他们去供奔走。这就是青年人所过的生活。等到这十年过去之后，他们便列入了成人之列。从此以后，二十五年之中，他们便照着下面所说的情形去生活。

第一，他们也与青年人一样，凡遇国家需要臂力强健、感觉敏锐的人才的时候，他们便去投效官府，效忠国家。如果有远征的事情，他们便排阵出去，他们的武器不是弓与盾了，他们携带的是所谓短兵相接的武器，一件护心甲，一直穿到咽喉下面，左臂携着一块小盾（正同图画里面的波斯战士的形象一模一样），右手握着一把匕首或是一把剑。最后，除了孩子们的教员以外，一切政府的官吏也都是从这个阶级里面去选任的。不过一旦他们过了这个二十五年，到了五十岁或五十多岁的时候，他们便列入了长老的阶级，实际他们也的确值得称为长老了。这种长老不再到前线服兵役了；他们留在后方处理一切公私的事件。即使极大的案件也由他们决定，一切官吏也由他们去选择。假如一个青年人或者成人犯了法，便由所属的部落的监督作原告，会同其他任何公民，把他带到法庭。审判的就是这些长老，宣判的也是他们，判了罪的人从此以后，就被剥掉了公民权。

现在为说明波斯人的整个国政起见，我要稍微说回去一点点。不过上面已经说了许多，现在的说明可以简简单单的说了：波斯人的数目据说是在十二万人左右；在这十二万人里面，没有一个人是在法律上面没有体面，或者不能作官的。反之，每一个波斯人都可以把他的孩子送到学习公道与正直的公立学校里去。事实上，凡是有力量教养孩子的人，无不把孩子送进学校；至于那些没有力量的人则只好放弃这种特权。一个孩子从公立学校出身以后，他就有了列入青年人的队伍的权利，但是那些没有经过这第一个阶段的人便不必去加入。同样，青年人尽了他们的阶级所应尽的责任之后，他们就可以加入成人的阶级，去分享官职与荣誉；但是他们先得完全过着青年人的生活；否则他们便不能够再求上进。最后，成人如果在生活上一点没有过误，他们最后便可以变成长老了。所以，这些长老就形成了一个大学，大学里面每个分子都是完全受过高贵的教育的；他们相信采用这种波斯的政制和训练，他们便能得到美满的结果。一直到现在，波斯人古时候那种节制的精神与训练节制的方法，还是可以看得出来的。波斯人现在还是觉得当众吐痰、拭涕、放屁，或者起身小解是一件可羞的事。他们若非习于节制饮食，习于运动与劳作，把体气用到别的地方，他们是不能够保持这种标准的。以上种种，都是讲的全体波斯人的情形；现在我们可以回到原题，从儿童时代起去叙述赛拉斯的事情了。

赛拉斯在十二岁或十二岁多以前所受的教养，

与我们以前说过的情形正是一样的，他在学习的能力方面，在高贵刚毅地履行各种责任方面，都超过了同辈一等。但是正在这个时候，阿斯泰泽听说他很高贵美貌，于是叫了自己的女儿带他回去。因此曼丹就带了她的儿子赛拉斯回到她的父亲跟前。他们见面之后，赛拉斯听说阿斯泰泽是他的外祖父，他是一个生性多情的孩子，于是立刻狂吻阿斯泰泽的颈项，好像从小就是在外祖父身边长大，两个人从小是玩友似的。后来他仔细一看，看见国王的眼睛画了眉，两颊涂了粉，看见他的头上照着当时密提阿人的习惯戴了假的鬏发（这种种装饰和紫袍、铠褂、颈串、腕环等等东西都始终是密提阿的，不是波斯的；你知道，波斯的本国人一直到现在，还是穿的质朴的衣服，过的清淡的生活）。这孩子看见外祖父这样华丽，不禁瞪着他叫道："啊，母亲，你瞧外祖父多么漂亮！"他母亲问他，看他觉得父亲同外祖父哪个更漂亮，他立即答道："父亲是波斯人里面最漂亮的，但是外祖父更是我在国内国外所看见的密提阿人里面最漂亮的。"阿斯泰泽因此吻了吻这个孩子，给了他一件美丽的袍子和一些腕环颈串，以示夸奖，他每逢骑马出外必得叫这孩子骑着马，随在身旁，马上的缰勒与国王阿斯泰泽自己的一样，是用金子做的。赛拉斯有一颗爱荣誉，又爱漂亮的心，他喜欢那件美丽的袍子，对于骑马也非常爱好，因为波斯是个山国，不大宜于畜马，马在波斯是少见的。

赛拉斯同他的母亲与国王一道进食，阿斯泰泽想使得这孩子感到筵席的好吃，不再想家，于是样样好菜都殷勤地敬他。据说赛拉斯当时说道："啊，外祖父，你每餐要吃这么多的菜，要尝到这么多稀奇的食物，那会多么麻烦啊！""唉，"阿斯泰泽说道，"但是这顿饭食岂不比你在波斯吃过的好得多吗？"据说赛拉斯又答道："外祖父，我们果腹的办法比你的便捷简单得多。我们饿了想吃东西的时候，有了面包同肉立刻就可以满足我们的需要，但是你们密提阿人却爱转弯抹角，只怕我们早已达到了目的，你们还没有找着路呢。""我的好孩子，"他的外祖父说道，"要知道我们是不怕路远的，你自己尝尝

莉娜及其他（教育散译之一）

这些菜，看看它们是何等的好吃吧。""有一件事情我明白了的，"这孩子说道，"就是你自己并不十分爱吃这些菜。"阿斯泰泽问他为什么这样有把握，赛拉斯答道："因为你拿一块清淡的面包的时候，你从来不拭手，但是你若吃了这种精馔美点，你便立刻要用手巾拭手，好像手指弄脏了生气似的。""我的好孩子，好，"国王说道，"吃饱一点，放快乐些，你回波斯的时候便可以变成一个漂亮强健的人儿了。"他一边说，一边便把各种家禽野兽作成的菜点放到他的外孙的面前。这孩子看了这么多的食品，不禁吃了一惊，问道："外祖父，这许许多多全是给我自己，由我自己随意去处理的吗？""当然是的，"国王说道。于是赛拉斯这孩子真不怕麻烦，他一样一样送给他外祖父身边的仆人，每送一个，他便说几句话："这是送给你的，因为你肯教我骑马；""这是送给你的，谢谢你给我的标枪，这标枪现在还在我的手里；""这是送给你的，因为你很会伺候我的外祖父；""这是送给你的，因为你很尊重我的母亲。"这样一件一件把外祖父给他的肉食全都送掉了。"但是

赛拉斯的教育（节译）

141

你一点点都没有给我的伙食司萨克斯（Saeas）啊，"他的外祖父说道，"要知道我看萨克斯比别的仆人都看得重呢。"这位萨克斯是大家都可以想得到的，他是一个漂亮的伙计，凡是进见国王的人，他都有权领导他们进见，或者认为时间不合适，拒绝他们来见。但是赛拉斯像一个毫不知道畏惧的孩子一样，急切地反问道："外祖父，你为什么这么看重他呢？"阿斯泰泽笑道："你没有看见他调酒调得多好，酌酒酌得多么优雅吗？"本来，宫里的酒掌们做事真很伶俐，他们调酒的时候，态度异样的文雅，把酒倾入酒杯的时候，一滴都不会漏到杯子外面，端杯送给客人，手指把杯子端得非常稳定。"那么，外祖父，"这孩子说道，"叫萨克斯把酒器给我，让我尽力照他的样子去优雅地酌酒，来博得你的欢心吧。"于是国王就吩咐伙食司把酒器给他，赛拉斯接着酒器，照着萨克斯的样子调酒，然后以极庄重、极安稳、极优雅的态度，把酒杯献给他的外祖父，弄得他的母亲和阿斯泰泽都忍不住笑了，赛拉斯这也笑了，一下扑到他的外祖父身上，吻着外祖父，叫道："萨克

莉娜及其他（教育散译之一）

斯，你的末日到了！你瞧，我一定会夺去你的差事的。我也能够变成你这样一个态度优雅的酒掌——我自己却不必喝酒！"因为国王的伙食司献酒的时候，他必得先用酒勺到酒杯里面取出一点酒，放在手心里，自己喝完，这样一来，他如果在酒里面下了毒药，他自己便也得不到好处。阿斯泰泽想再开个玩笑。于是问这孩子，问他为什么一切都照了萨克斯的榜样，独独忘了先去尝酒。这孩子答道："真是，我也很担心酒里面有毒。因为上次你生日请客的时候，我明明看见萨克斯下了毒药，要毒你们。""那你是怎样发现的呢，我的孩子？"国王问道。"因为我看见你们神志昏沉，步履蹒跚；你们平素不让我们孩子们做的事情，那时你们自己都做了——你们高声谈说，可是你们谁都不知道对方说的是些什么，然后你们又唱歌，唱得我们都笑了，你虽然并不去听别人唱的是什么，你却夸他唱得很好，后来你们又各自夸耀自己的气力，但是你们跳舞的时候，你们不独不能合着节度，简直连站都站不住了。外祖父，那时你好像忘记了自己是个国王，你的臣仆也好像忘记了你是他们的君主。最后，我才知道你是喜欢我们所听到的那种瞎说的；无论如何，你们没有沉默过一时一刻。""好的，孩子，"阿斯泰泽说道，"不过你父亲喝酒的时候，难道从来没有醉过吗？""当然没有。"这孩子说道。"然则怎样？"国王问道。"他只求解渴，"赛拉斯说道，"如此而已。后来不会有害处的。你要知道，他没有萨克斯给他调酒啊。""赛拉斯，"他母亲插嘴道，"你为什么这样不喜欢萨克斯呢？""因为我恨他，"这孩子答道，"我每次要来看外祖父的时候，这老东西便常常阻止我。外祖父，请你让我管他三天吧。""你打算怎样一个管法呢？"阿斯泰泽问道。"嘿，"这孩子说道，"我要照他的样子站到门口，当他要去早餐的时候，我便告诉他'你现在还不能够早餐；陛下正同别人有事'；当他要去午餐的时候，我便告诉他'现在还不能午餐，陛下正在进浴'；他若饿了，我便说，'等一等，陛下正同宫里的命妇们有事'，我要这样磨难他，正同他不准我进来看你那样磨难我一样。"这孩子在晚边便是这样逗得他的长辈的欢喜，在白天他

莉娜及其他（教育散译之一）

如果看见他的外祖父或舅父需要什么东西，那便谁也没有他那样去拿得快；他觉得逗得他们欢喜便是他的一种最大的快乐。

后来曼丹要回去看她的丈夫了，阿斯泰泽要她把孩子留下。她的答复是，她自己虽则愿意事事讨取父亲的欢心，但是孩子想回去，恐怕很难违反他的意思。于是这位老人便问赛拉斯道："我的孩子，假如你肯留在我们这里，萨克斯以后就再不会阻止你来看我了；你随便什么时候都可以来看我，越来得勤密我便越高兴。你有马骑，你可以骑我自己的马，骑你所喜爱的别的许多马，你将来回去的时候，你可以把它们带回去。至于用餐，你可以照你自己的办法，照你认为正当的，用你自己的方式去达到你自己的节制的目标。我的园囿里面的野物我都可以送给你，并且我还可以为你多去搜集，将来你学会了骑马之后，你便可以照成人的样子用弓枪去逐猎它们。你有孩子们陪着你玩，你可以获到你所喜爱的一切事物，你只须告诉我，你就都可以得到。"于是他的母亲就问他，看他是愿意和外祖父留在密提阿呢，还是愿意和他一道回去。他立即答复。说他愿意留下来。她问他是什么道理，据说他的答复是："因为在家里的时候，大家觉得我是孩子们里面最会射击、最会射枪的，我觉得事实上的确也是如此；但是在这里呢，我知道我是最不会骑马的一个，母亲，你知道，这是我所异常感到不安的。现在假如你让我留在这里学习骑马，那么，将来我回波斯的时候，我敢应许你，那时我便可以胜过我们一切步行的健儿，等我再回到密提阿来，那时我便可以使外祖父知道，在他的煊赫的骑队里面，又没有一个骑士能够有他的外孙那样英武，那样能够为他作战的了。"于是他的母亲说："但是，孩子，倘若你留在这里，而你的先生却在国内，你又怎样能够学习公道与正直呢？""啊，"赛拉斯说道，"这是我早已完全学会了的。""你为什么知道你已经完全学会了呢？"曼丹问道。"因为，"这孩子答道，"我在出国以前，我的教师便觉得我已经学够了，可以处决案件了，他还让我审理过案件呢。是啊！我记得有一次，"他说，"我因判错了案子还挨了一顿鞭笞。我把那件案子告诉你吧。原来有两个男孩子，一个大，一个小，那大孩子的上衣很小，那小孩子的上衣却很大。于是那个大孩子把那小孩子的上衣剥了，自己穿上，却把自己的小上衣给那小孩子。当时我的宣判认为两造都能穿着最合身的衣服，对于两造岂不都很好。但是我的宣判没得再说下去，因为我的教师在这里便把我打了一顿，他说倘若我是派来决定衣服怎样穿着合适的，那么，我的判决当然是再好不过的了，但是我是派来决定衣服是属于谁的，我所应该考虑之点是在谁有这件衣服的主权：是那个以暴力夺来的人呢？还是那个自己买来的人呢？教师告诉我说，凡是合法的必是公道的，凡是违法的必是根据暴力的，所以，他说，做法官的人永远得使自己的判决合乎法律。所以，你瞧，母亲，我对于公道是早已完全懂透彻了。即使我还有什么应该明白的事情，我也有外祖父在我身边，他也会教训我的。""但是，"他的母亲答道，"你外祖父的宫墙里面人人认为合乎公道与正直的事情，到了波斯，看法却不一样了。比如，你外祖父自己就统治了密提阿的一切部落，但是在波斯人看来，平等却是公道里面的一个主要成分；而且最重要的是，你的父亲必须对于国家尽他应尽的责任，得他应得的权利；这里的标准不是他可以任性决定的，这是法律。所以你得当心一点，否则你将来回到波斯之后，如果从外祖父的学校里面学会了爱专制不爱王道，怀着专制魔王的信念，以为自己较之其他一切人们的享有都要多，以为也只有自己的享有才能比别人多，那时你是会被大家打死的啊。""唉，母亲，"这孩子说道，"不过外祖父是最会教人少享有，不要多享有的。你岂不知道，"他叫道，"他教一切密提阿人都比他自己少享有吗？所以，母亲，你放心吧，外祖父不会教我，或者任何别人，去习于享有得太多的。"

这孩子是这样一直说下去。最后，他的母亲回去了，赛拉斯没有回去，是留在密提阿长大的。他不久便和他的伙友们有了友谊，和他们打得很热了，不久又因能言善说，善视伙伴，得到了伙伴们的父母的喜爱，后来弄到他们有了求助国王的事情，他们都叫自己的孩子们转托赛拉斯去安排。赛拉斯因为生性和美，又爱得到人家的敬重，所以不论他们求他去做什么，总是尽力去做的。至于阿斯泰泽方面，他也没有办法拒绝他的外孙的最轻微的愿望。因为有一次他病了，这孩子就绝对不肯离开他的身边；他止不住他的眼泪，人人都看得出他是怕他的外祖父会死去的。这位老人如果晚上需要什么东西，赛拉斯第一个就知道，他第一个就去伺候他，拿东西去逗取他的喜爱。老国王的心就是他的心。

这孩子在这种年轻的时候确是太爱说话的，一部分的原因是由于他所受的教养之故。他的教师教导过他，要他在宣判的时候总得述说自己的理由，并且要从别人去找寻同样的理由。加之他的好奇心盛，渴于求知，无论见了什么人，便要问这样，问那样，而他的悟性又很活泼，别人无论问他什么问题，他都立刻有个答复，因之爱说话便成了他的第二天性似的。但是他的幼稚的心理正与普通发育过早的童身一样，总易泄漏他的年龄的秘密，所以他尽管喜爱说话，但是听者并不觉得他是骄傲自负，只觉到他的质朴热忱，宁愿听他滔滔不绝地说完，而不愿意他坐着默不作声。

但是后来他的身体一天天长大，到了青年时代，他便不多说话了，说话的声调也安闲得多了；有时候他竟至非常害臊，见了长辈还会红脸，当初那种乳犬不知怕事，见了主人与生人都会纵跃上前的态度，现在是一点都没有了。他的态度是这样变严肃了，但是他与别人相接，还是一样的最富于摄人的力量；因为他每逢和他的伙伴竞技的时候，他决不就自己具有特长的技艺去向人挑战；他只挑着自己不如别人的事情去做，说要胜过别人——他在骑马还没有骑稳以前就要纵到马上去射击或掷枪——一旦自己失败了，他便自己首先取笑自己的失败。他不因为怕失败就不去努力，他只决心在第二次求进步，所以没有多久的工夫，他的骑术便和别人一样精练了，再一会他便胜过了其他一切的人，最后，国王保存的猎物一天天的少，而他的技艺也就由此可见一斑了。猎物因为狩捕、射击、掷杀之故，一天天减少，阿斯泰泽都来不及替他供给。赛拉斯看见外祖父意思很好，但是供给不来，于是在某一天走去向他说道："外祖父，你何必这样不惮麻烦替我去找猎物呢？只要你准我同舅父到外面去打猎，我想我们所见到的每一个野兽岂不都等于是特别替我养来取乐的吗！"但是这孩子虽则热望出外行猎，然而他已失去了当初作孩子的时候那种甜言蜜语，讨取东西的本领；他踟蹰了很久很久，才又再向国王去说。在从前，他是会同萨克斯争吵，问他为什么不让他进去的，但是现在他自己在自己的面前变成了萨克斯，一直等到了能够进去的时候，他才敢于进去，而且他还问过真的萨克斯，看他什么时候才能够进去。这样一来，那位老伙食司心里很痛快，他也同其他一切的人们一样，完全爱上了这位青年王子。

最后，阿斯泰泽看见这孩子真是一心一意想要到旷野去行猎，于是让他和他的舅父一同出去，同时派了一队马卒跟在他后面，目的在防止他陷入危险的地带，帮他防备凶猛的野兽。赛拉斯殷殷询问他的卫士，看哪种野兽应该回避，哪种野兽可以猎击。他们告诉他。说他应该当心熊、野猪、狮和豹子，好些人因为和这种危险的野兽离得太近，结果被它们撕成了粉碎；但是，他们说，羚羊、野鹿、野羊和野驴却是没有什么危害的。他们又告诉他，说猎人对于某些危险的地方也应该与对于那些野兽一样的小心谨慎，因为常常有人连人带马一齐跌死到悬崖下面去了。这孩子对于他们的教训当时好像全都放在心里记住了，但是那时候正有一只公鹿跳了出来，他便忘了听到的一切贤明的警告，一直追赶上去，除了身前的公鹿以外，什么都不注意。他的马因为怒奔向前，一下滑跪在地上，几乎把他从头上摔倒下去。幸而这孩子坐稳了，马也随即站起来了。赛拉斯追到了平地，立即用枪掷去，那公鹿便死了，是一只美丽硕大的公鹿。这孩子还正在高兴得很的时候，卫士们已经赶上来了，重重地责备他。难道他不知道自己所冒的危险吗？他们当然会回去报告他的外祖父的，他们当然会去报告。那时赛拉斯下了马，安静地站着，伤心地垂着头，静听他们的指责，但是这时候他又听见了追唤野物的声音；他一跃上马，好像疯了似的——一只野猪向他们扑来了，他迎着它，极力瞄准射去。射中了那野猪的额头，把它射倒了。这时候他的舅父觉得他须得亲自来责备他的外甥几句了；这孩子的胆子太大了一点，但是他越责备，赛拉斯就越要求他让他把猎得的野物带回去献给他的外祖父。据说他的舅父给他的答复是："但是假如外祖父发现了你亲自追击了野兽，他不独会骂你不该去打，而且也会骂我不该让你去打的。""好，只要我把野物献给了他，如果他愿意，他尽管打我好了，"这孩子说道，"舅父，那时候你也尽管随意责罚我，"他接着说，"只要你不拒绝我这件事。"赛阿克萨利斯（Cyaxares）逼得没法，只好依了他——"好吧，照你的意思办吧，你简直差不多成了我们的国王了。"于是他让赛拉斯把猎物带回家去，献给他的外祖父。"你瞧，外祖父，这些野物是我给你打来的。"但是他没有把胜利的武器拿出来张扬：他只把它们放在地上，上面的血块都没有去掉，希望他的外祖父看到。阿斯泰泽的答复是容易想得到的，他说："你给我的一切礼品，我都乐于接受，但是我不希望你的礼品是用你自己的性命换来的。"于是赛拉斯说道:"外祖父,假如你自己真不需要这些东西,你把它们给我好不好?我打算把它们分给孩子们。""很好很好,"这位老者说道,"你把它们拿去吧,你要是喜欢别的什么,你也可以拿去;你可以随意把它们赠给什么人,随你的意。"于是赛拉斯把猎物携出去,和伙伴们瓜分,口里一面不住地说:"我们平时在园囿里面行猎真没有意思!那不是等于把动物缚住了再去猎取它们吗?第一,地方就太小了,再则里面的动物也真可怜得很,不是这个残了,便是那个跛了!但是那些高山平原上面的真正野物就不一样——那些野物真是一种壮观,那么硕大!那么美丽!公鹿往天上纵跃,就好似生了翅膀似的,野猪往身边扑来,便好似战场上面的战士一般!谢谢它们的身体长得那么粗,一射便不会不中。它们哪怕死了,"他叫道,"都比那些围墙里面的可怜的活动物好看!但是你们,"他接着说道,"你们的父亲也能准你们出去打猎吗?""一定准的,"他们答道,"只要国王有命令。""好,"赛拉斯说道,"有谁能够替我们去要求阿斯泰泽呢？""为什么，"他们答道，"谁还有你自己这么合适呢？""不，我不行！"赛拉斯叫道，"我不知道怎么样了；我再不能够和我的外祖父去说了，我简直看都不能正眼看他。假如再是这样下去，我真怕我会变成一个傻子。但是他们告诉我，说我小时候的谈锋却是很犀利的啊。"别的孩子答道："这就糟了；假如你不能够为朋友们振作起来，假如你不能够帮忙我们的需要，那我们便只好另去找主了。"赛拉斯听了这番话，心痛得很，他默然地走开，鼓起勇气，走到外祖父跟前，心里并不是没有先想好提出这件事情的最好的方法。他于是开始这样说："外祖父，请你告诉我，"他说道，"假如你有一个奴仆跑了，被你捉住了，你把他怎样办呢？"这位老者答道："除了用枷链把他囚禁，罚他做工以外还有什么办法呢？""但是假如他是自动回来的，你又把他怎样办呢？""那我就要打他一顿，警告他下次不可再犯，然后像全没有发生过什么事情的样待他。""那么，现在你就应该预备一副鞭子来打你的外孙了，"这孩子说道，"因为我打算领着我的伙伴们逃去打猎。"谢谢你事先告诉我，"阿斯泰泽说道，"现在你听着，我禁止你走出宫门一步。"他接着说道："假如为打一天的猎，我把女儿的羔羊丢了，那才好呢。"于是赛拉斯照着他的吩咐，住在家里，但是他成天不言不语，愁容满面。最后，阿斯泰泽看见这孩子太苦了，于是决心亲自出猎，使他欢喜。他统率着许多步骑，并且把其余的孩子们也都带去了，然后把野物赶到便于驰骋的平原上面，开始大规模的狩猎。他按照皇室的规矩——因为他亲自在场行猎——吩咐大家，叫他们先让赛拉斯一个人猎个畅快，别人不可动手。但是赛拉斯不愿别人受到这种限制，他说："外祖父，假如你愿我得到畅快，那么，请你让我的朋友们和我一道来狩猎，让我们大家尽量各自显显本领吧。"于是阿斯泰泽叫大家都去狩猎，自己却静立观看，他看见他们往来奔跑，追逐野物，他也看见他们追上了野物用枪掷去的时候，他们的心血是如何的沸腾。但是尤其使他高兴的是，他看见他的外孙快乐得忍不住沉默，每逢自己追上了野物，他便像只高贵的小猎犬受惊狺吠一样，呼唤伙伴们的名字。这位老人听到这孩子取笑伙伴们的时候非常欢乐，听到他热切地恭维他们的时候又没有一点点嫉妒的心思，他真欢喜极了。后来回宫的时间到了，他们便饱载而归。从此以后，国王因为对于那天行猎的情形很是满意，只要有了机会，他便带着他的外孙，出外狩猎，所有的扈从都跟着去，其余的孩子们他也从来没有忘记带去，为的是"使赛拉斯高兴"。赛拉斯少年时代的生活便是这样过去的，他分享了一切人们的快乐，他也帮助了一切人们去得到快乐，他没有使得任何一个人生过忧愁。

但是当他到了十五岁左右的时候，适逢阿西利阿的青年王子正想举行婚典，打算亲自出外狩猎一次，以为新妇寿。他听人说到阿西利阿与密提阿的边界野物很多，因为战争之故，从来没有人去惊动过，因此选定了这种边界地方，作为他的猎场。但是他为安全起见，随身带了许多骑卒和藤牌手，扈卫左右，好叫他们把野兽从巢穴中间赶到垦殖过了的、便于驰骋的平地上面。他走到阿西利阿安置边哨，驻得有戍卒的地方，与部下用了晚餐，打算次早天晓便去行猎。到了黄昏时候，适逢城里派来了一大队夜班的人马，准备和戍卒换班。于是这位王子觉得自己手下好像有了一大支军队似的，他有了两队戍边的兵士和一队随猎的人马。这时他便自己设想，是不是最好借此到密提阿去劫掠一次？假如这样一来，这次的狩猎便更有了光彩，而祭祀用的野兽也一定更多。他怀着这个念头，一早便起身，带着他的军队出去，他把步兵结集在边界上面，自己领着骑兵直向密提阿边界的要塞奔去。到了那里，他便和最强悍的、最多数的人马停止下来，以防戍卒冲出，另外挑派小队兵士，分向各处前进，吩咐他们尽量劫掠，把劫掠所得的东西运送回去。

这时候阿斯泰泽知道了敌兵入境，于是立即赴援，自己带着随身的卫士，儿子率领当时所有的军队，临行吩咐后援急速出发。但是当他们看见了阿西利阿人的时候，他们看见对方人马密集，坚固不拔，于是自己就停了下来。这时赛拉斯看见别人或行或骑，全都出发赴援去了，觉得自己也应该奋骑前去，于是他破题儿第一遭穿上了铠甲，他一向热望穿着铠甲，这回真个穿上了，自己反而有些不相信自己穿上了呢。他外祖父给他特制的这件铠甲真是漂亮得很，穿着也极其合身。于是他便这样穿上了全副盔甲，跨上战马，疾奔赴敌去了。阿斯泰泽心里虽在怀疑，不知是谁打发这孩子去的，但是他既然来了，便命他站在自己的身旁。赛拉斯看见对面的马队，他便问他的外祖父道："外祖父，难道那些安闲地站在马旁的人就是我们的敌人吗？""虽则那样，他们正是我们的敌人啊。"国王说道。这孩子又问道："然则那些骑马驰骋的也是我们的敌人吗？""是的。""然则，外祖父，"这孩子说道，"他们看来都是一些疲乏的人们，驽钝的劣马，也敢来蹂躏我们的土地吗！我们何不派人攻过去好了！""我的孩子，还没有咧，"他的外祖父答道，"你可以看看这里的马队的人数。假如我们进攻那些敌人，他们这些友军便会进攻我们，因为我们的全军还没有到齐。"

"是的，不过，"这孩子提议道，"假如你自己停在这里等待我们的援兵，那么，这些敌人便不敢动弹了，至于那些劫掠牲畜的人一旦被我们派人攻击过去，他们立刻就会把贼物放弃的。"

阿斯泰泽觉得这孩子所说的话很对，心想他真懂事，真聪敏，于是吩咐儿子带领一队人马，进攻劫掠中的敌人。"万一他们的大队人马来进攻，"他又说道，"我自己便去进攻他们，要在这里给他们够受的。"于是赛阿克萨利斯率领一支人马，奔上战场。赛拉斯看了，立即疾驰上去，奔到赛阿克萨利斯的前面，让队伍紧跟在后面。劫掠中的敌人看见他们来了，立即丢了赃物，纷纷奔逃。赛拉斯率领骑卒，直冲上去，把他们首尾冲断，其中有些被他们当时就追上了，立即就地砍杀；有些幸而逃脱了的，他们便紧紧追去，终于又擒获了好些。赛拉斯总是一马当先，像只生性勇敢而没有受过训练的猎狗毫无顾忌地攻击一只野猪似的；他疾驰突奔，眼中所见和心中所想的只是要去擒获和击倒他的敌人，此外他什么也没看见，什么也没虑到。但是阿西利阿的大军看见他们的友军遭了困厄，他们便拔军前进，心想对方看见他们有了动作就不会追逐了的。然而赛拉斯的追击却一点点也不放松，他高兴极了，一面呼唤他的舅父的名字，一面紧紧向前追赶逃奔的敌人，那时赛阿克萨利斯心想倘若自己不跟上前去，他的父亲阿斯泰泽不知会要如何说法，所以他便紧跟在赛拉斯后面，至于其余的人，也都紧跟在他们的身后，连平时胆量最小的人这时也好似变成了英雄似的。

这时阿斯泰泽眼见他们奋勇冲击，又见敌军坚定地密集地迎来，他恐怕他的儿子和赛拉斯在坚强的敌军之前乱了阵线，受到损害，于是决定立刻亲自率军前进。阿西利阿人看见国王的行动，停了下来，瞄准着枪，挽满了弓，心想敌人到了射距以内就会与平时一样停止前进的。因为那时两军相遇的时候，他们进攻止攻到一种相当的距离，然后彼此遥遥对射，一直要战到黄昏时候。但是这一次阿西利阿人只见自己的军士狼狈逃回，赛拉斯领着人马紧跟着急急地追赶，阿斯泰泽和他的马队早已经到了射距以内。这是他们抵挡不了的，他们返身便逃。密提阿人如疾风扫落叶一般，跟在后面，紧追不止，他们捉住了敌人便连人带马都给击倒，倒了的便给杀掉。他们一直追到阿西利阿步队驻扎的地方，方才停止。他们因为怕遇埋伏，所以追到那里便勒转了缰索，阿斯泰泽便领着军队转去了。阿斯泰泽因为他的马队立了战功，心里万分欢喜，但是他想不出自己对于赛拉斯应该采用怎样一种说法，打仗的是赛拉斯，打胜仗的也是赛拉斯，然而这孩子实在是太勇敢了，勇敢得几乎疯了。他在回宫的途中态度还是稀奇的：他忍不住要单人匹马绕去看看杀死的敌人的面孔，大家好不容易才能把他领回阿斯泰泽的身旁；实际上这孩子看见他的外祖父见了他便现出一副严肃的面容，所以也深想把他们当作他与国王中间的一道帷幕。

　　事情便是这样的在密提阿经过：赛拉斯的名字一天一天的到了每个人的嘴上，到了各地的歌谣与传说里面，阿斯泰泽总是爱护他的，对于这孩子也感到万分的惊异。同时他的父亲卡姆拜西兹听见了关于他的儿子的这种消息，心里也极高兴；不过他又听说儿子的行动已经像个年岁长大的人了，他便觉得应当立刻叫他回国，去受完祖国的训练了。据说赛拉斯奉到召唤就说，他愿立即回国，免得父亲烦恼，并且免得国人责备。阿斯泰泽也觉得自己在责任上应该把这个孩子送回去，不过他得让他尽量挑些马匹带回国去，并且送他一些别的礼物，因为他不止是喜爱他，而且对他还存了很大的希望，望他成为一个出色的人物，成为他的朋友们的赐福，成为他的敌人们的恐怖。后来赛拉斯临行的时候，人人都出来给他送行——有幼小的儿童，也有和他同年岁的孩子，有成人，也有骑马的老者，此外还有国王阿斯泰泽。据说他们回家的时候，没有一个人的眼眶是没有眼泪的。据说赛拉斯自己也是含泪驰别的。他把阿斯泰泽给他的礼物全都大量地分给了他的一切伙伴；最后他把身上穿着的一件美丽的密提阿式的大衣也脱了下来，送给他的一个伙伴，表明他是最怀恋着他的，这表示比说话更明白，他的朋友们把他给他们的礼物全都收下，但是全都再又交给阿斯泰泽，阿斯泰泽再又送给赛拉斯。但是赛拉斯终于仍旧送回了密提阿，求他的外祖父道："假如你愿我再见你的时候抬得起头，那么，求你让我的朋友们留下我给他们的礼物吧。"于是阿斯泰泽照这孩子所求的做了。

如果我们在这里可以谈谈孩提之爱的话，我们就可以告诉各位，赛拉斯临走的时候，大家说着一声最后的再会，他的每个亲属都按照波斯的习俗——这习俗现在波斯还保存着——吻吻他的嘴唇，祝他一路平安。这时候有一个密提阿人，长得非常漂亮，非常勇敢，久就爱上了赛拉斯，这时看见他和亲属亲嘴，他便站在后面，等到大家亲完了，他便走到赛拉斯的跟前，说道："赛拉斯，你在你的一切亲属当中就单单不肯和我打招呼吗？"赛拉斯答道："什么，你也是我的亲属吗？""是的啊，当然是的。"那个人答道。于是这孩子便说："唉，难怪你那样热切地注视着我；我觉得你以前也这样注视过我多次的。""是啊，"那个密提阿人答道，"我早就时时想来亲近亲近你，但是天知道，我却每次都鼓不起勇气。""不过你既知道你是我的亲属，"赛拉斯说道，"为什么还那样胆小呢？"他一壁说，一壁便向前吻了一吻他的嘴唇。那个密提阿人经他这一吻，提起了勇气，说道："波斯的习俗，亲属真是可以亲嘴是吗？""真是可以的，"赛拉斯答道，"我们彼此久别重逢和临别的时候都是要亲嘴的。""那么，"那个人说道，"你现在应该再吻我一下了，因为我现在就要走了。"赛拉斯于是又吻了他一下，彼此便分别了。但是行者没有走上多远，这个密提阿人突然又跃马追到后面来了，马口里尽是白沫。赛拉斯看见了他——"你忘了什么东西吗？还是有什么话要说？""没有什么，"那个密提阿人说道，"不过因为我们相别得很久很久了而已。""你的意思是说相别得很短很短吧！我的亲属。"赛拉斯答道。"很短很短！"那个人重复地说道："你怎么能说是很短呢？你不知道假如我看不见你的美丽的面孔的时候，一霎的时间就等于过一辈子那么久么？"

于是赛拉斯不禁破涕为笑，吩咐这个不幸的人振作精神，转回家去。"我不久就会再回到你那里来的，那时候你就可以看我看一个饱，眼睛一下也不霎了。"

赛拉斯就是这样离开了他的外祖父的宫廷，回到了波斯，据说在波斯又和孩子们过了一年孩子的生活。最初，别的孩子们都爱取笑他，以为他一定在密提阿学会了奢侈的行径，但是后来他们看见他也能和他们一样安于波斯的清淡的饮食，并且每逢大家有了佳肴美馔的时候，他不但并不多分多要，反而把自己应得的美好食品分给大家，他们在这种种地方看出了他的生性比他们自己高贵，于是风头一转，反过来再又屈服在他的脚下了。

当他受完了这种训练，加入青年人的队伍的时候，同样的故事又同样出现了一次。他在尽职方面，在忍耐劳苦方面，在尊敬长辈方面，在服从长官方面，全都超过了他的侪辈。

这时候阿斯泰泽老死在密提阿，他的儿子赛阿克萨利斯，即赛拉斯的母亲的兄弟，继承王位。此时阿西利阿的国王已经平服了叙利亚各部落，征服了阿拉伯国王，把赫开尼阿人收入了统治之下，派兵围住了大夏。于是他就生出一种想法，觉得倘若他能设法减杀密提阿人的势力，他就容易把国土向四邻扩展了，因为他的邻国之中，势力最大的当然是密提阿。因此他便派遣使臣，分赴各个领地：他派人去见利提阿的国王克利萨斯（Cralsus），又派人去见卡巴多喜阿的国王，他派人到两夫利基阿去，又派人到巴夫拉哥尼阿与印度去，更派人到开利阿与西利喜阿去。他吩咐他们在国外散布谣言，攻击波斯人与密提阿人，说这两个有势力的大国家通了婚姻，结成了联盟，如果没有一个人先发制人，去设法减杀他们的势力，他们就会把他们的邻邦一个一个地征服的。这些国家听了阿西利阿国王的使者的话，果然都同他缔结同盟。其中有些是被他说服了，另有一些却是被他用钱买动了，因为阿西利阿有的是钱。阿斯泰泽的儿子赛阿克萨利斯知道了这种阴谋与准备，一方面自己尽力预备，一方面通知波斯国和国王卡姆拜西兹，他的妹夫。同时他又关照赛拉斯，说，倘若波斯的长老会议允许他兵权，他便求他尽量收罗人马，立刻前来。因为这时候，赛拉斯已经过完了十年的青年生活，到了成人的队伍里面。他自己很愿意前去赴援，长老会议便议决派他率军前往密提阿去。他们吩咐他从贵族中间挑选两百个人，再由这两百个人每人从同辈里面挑选四个人。这样就有了一个一千个贵族的团体；这一千个贵族每人再又从平民中间挑选三十个人——十个藤牌手，十个投掷手，十个弓箭手——这样就募成了三个联队，除了一千个贵族以外，还有一万个弓箭手，一万个投掷手，一万个藤牌手。全军都由赛拉斯统率。赛拉斯受了任命，第一件事情就是祭神，祭兆很吉利，他已选出了两百个贵族，这两百个贵族每人又个个选定了四个同辈。于是他把大众召集起来，第一次向他们讲话：

"朋友们，我选定了你们来做这件工作，但是我之看重你们却不自今日始，我从做孩子的时候起就看出了你们对于国家之引以为荣者，你们无不欢欣热烈，对于国家之引以为辱者，你们无不深恶痛绝。现在我可以明白告诉各位，我自己为什么接受了这份差使，为什么要请各位来帮忙。我一向就相信我们的祖先在当时也是和我们一样的好人。因为他们一生奋斗的目的正就是我们现在所看重的勇毅的勋业；但是他们尽管有价值，我却看不出他们为国家，为本身，究竟得到了什么好处。我不相信人类练习任何德行，目的只在使得勇敢优秀的分子比卑贱的分子得不到较好的享受。人类舍弃目前的快乐，目的并不是在永远舍弃一切快乐——不是的，这种克己的训练，目的是在为将来求取更大的快乐。一个人日夜努力，想成功一个演说家，但是演说并不是他生存的目的；他的希望是在利用他的演说，去打动别人，以期达到某种高贵的目标。我们与别些练习战术的人们也是一样：我们辛苦的目的并不是要无止境地、无希望地永久打仗。我们希望有朝一日我们的勇敢得到了证实之后，我们也能为自己，为我们的国家得到财富、幸福与荣誉的三重好处。假如有人辛苦一世，一旦老境突然到了，使他们失去了力量，没有收集辛苦的结果，我觉得这种人正与一个想图富裕的农夫，他的种播得好，苗植得好，可是到了收获的时候，却不把果实收进仓廪，而让它们落在原来的地上是一样的。又像一个运动员，平时训练自己，训练到了能够获得胜利的境地，可是最后却不去加入竞争——我觉得这种人如果大家把他叫作一个傻子，他是活该的。朋友们，我们不能够这样。我们自己知道，我们从小就受了优美、高贵、荣誉的训练，现在我们应该前去对付我们的敌人了。我准知道，他们一旦和我们交手，他们就会显出自己在战争上面只是一些生手而已。一个人即使善于掷枪、射箭、骑马，若是不能够忍受劳苦，他便不是一个真正的战士；他在劳苦上面是个生手。有些人在晚上应该醒着巡守的时候打盹，也不能够叫作真正的战士，他们在睡眠上面是些生手。一个人若是不知道怎样对待朋友，怎样对待敌人，单能忍受劳苦也还不够；这种人在他的职务的最高处没有受到训练。但是你们的情形却不一样：在你们看来，晚间和白天没有分别；至于劳苦，则你们的学校已经告诉了你们，它是得到幸福的向导，饥饿是你们日常的调味品，你们喝水止渴就像一只狮子饮溪似的。而且你们的心理具有最珍贵的珍品，最合于战争的需要：在你们看来，荣誉就是一切甜蜜的东西中间的最甜蜜的东西。你们是荣誉的追求者，你们应该得到她的爱怜。所以你们方才高高兴兴地去吃苦，去冒犯危险。"

"我说你们的这些话，倘若我的心口并不一致，我便算是欺骗了我自己。因为倘若你们不能达到我的希望，耻辱便该落在我的身上。但是我相信你们，从经验里面相信你们：我相信你们对我的善意，我也相信我们的敌人缺乏能力；你们不会使我失望的。让我们放心前进吧；我们没有坏处怕人家说；谁也不能说我们是在非法贪图别人的东西。我们的敌人不讲公道，先动了手，我们的朋友要我们去保护他们。世界上还有什么事情比自卫更合法的？还有什么事情比援助我们所爱的人更高贵？此外你们还有一件可以自信的事——我这次在着手之初便没有忘记各位神明：你们出进都是随着在我身边的，你们当然知道事无大小，我都求了神明的保佑。现在，"他接着说道，"还有什么要说的？你们可以各人回去挑选各自的人马，人马齐了之后，便带领他们到密提阿去。至于我自己，我要先去看看我的父亲，先走一步好去赶快打听一点关于敌人的情形，准备一切，希望托庇上帝，我们能够在战场上面载誉归来。"

他下了这种命令之后，大家便去着手实行去

了。但是赛拉斯自己回到家里，向父亲的家神，向黑斯提阿（Hestia）和修斯（Zeus）并向监临他的种族的一切神祇作着祷告。祷告之后，他便出发作战，他的父亲陪他同走。据说他们刚刚走出城市便遇了打雷与闪电的吉兆，他们此后一直前进，没有再去求神问卦，因为他们觉得神的启示是谁都不会认错的。他们一面往前走，赛拉斯的父亲一面向他说道："孩子，各位神明很关切我们，他们保佑你一路平安——这是他们在你的祭祀和天象方面都表示出来了的。这你本来用不着再要别人告诉你，因为我从前已经小心地教你学会了这种本事，使你不必假助别人的解释，自己就能懂得神的意思，使你能用自己的眼睛去看，用自己的耳朵去听，自己懂得天意。这样一来，你就不必倚赖任何占卜家了，占卜家有时是会故意欺骗你的，故意把上天所降的兆头作成相反的解释，并且这样一来，即使你身边有时没有占卜家跟随左右，你也就不会感到惶惑，不会不知道怎样去利用天象所给的指示的好处了：你凭着自己的知识就能够懂得神明的预告，知道怎样遵守那些预告了。"

"是呀，父亲，"赛拉斯答道，"我总是尽力把你的教训铭记在心里的，并且时时刻刻都在祷告各位神明，希望他们保佑我们，指示我们。我记得，"他接着说道，"有一次你还说过，说，对待神明和对待人类是一样的，如果有人并不到了有事的时候，才去巴结他们，平常最快乐的时候也肯格外记得他们，他的祷告自然便能生效。你说我们对待世间的朋友们也应该是这样的。""是啊，孩子，"他的父亲说道，"你得了我的教训之后，你现在祷告神明的时候心地便更加宽舒了，并且更加有了把握，可以希望他们把你所祈求的东西赐给你了，因为你的良心可以为你作证，证明你从来没有忘记过他们。"赛拉斯说道："实际上我对于他们的态度，就好像他们是我的朋友似的呢。""你还记得，"他的父亲问道，"我们还有其他彼此同意的结论吗？你还记得我们都觉得有些事情是各位神明准许我们用学习、研究与训练的方法去得到的吗？这些事情的成功是努力的报酬，不是懒惰的结果；我们在这些事情上面，唯有尽了自己的职分，才够资格去祈求神明的保佑的。""我记得很清楚，"赛拉斯说道，"我记得你常常和我这样说：我对于你的说法也完全同意。你常常说，一个从来没有学习骑马的人就没有权利祷告神明，祈求马战胜利，他不会射箭就不能希望战胜优良的射手，他不会驾船就不能希望船舶安全地驶回海港，他如果没有在地上播过种子，他便不能希望得到丰收的酬报，他如果全不当心，他就不能希望作战之后能够安然回家。你说这种种祷告根本都是和天意相反的，那些祈求不应祈求的事物的人，他们不能从神明面前得到那些事物，根本不足为奇。人们即使在人间的法律面前去请求，也是不会成功的。"

"你还记得，"他的父亲说道，"我们有过一种想法，觉得倘若有人真正能把自己训练得优美勇敢，而又能为他的家庭与自己获得一切必要的东西，那就是一件伟大的工作吗？我们说过，一个人做了那件工作就很可以自负了；但是倘若他能再进一步，能够有本事，有知识，去指导别人，管理别人，供给他们的一切需要，使他们变成应成的样子，那就真正了不得了。""是的，父亲，"赛拉斯答道，"我记得很清楚，我同意你所说的善于治人是一种最伟大的工作，我现在每逢想到统治的问题，我还是怀抱着这种见解的。"他接着说道："但是我一看到世界上一般的情形，看见那些想要统治别人的人全是一些可怜的草包，全是这样一种敌手，我就不禁起了一种感触，觉得要我在他们面前卑躬屈节，不去和他们在战场上分个高下，真是一件羞耻不过的事。我认为，"他又接着说道，"他们都有一种成见，就是我们自己的朋友们也是一样，以为统治者与百姓不同的地方只在他能享受丰美的筵席，充裕的金银，可以因循踏泄，不受劳苦而已。但是我的看法却不一样：我认为一个统治者与别人不同的地方，不在他能度着优闲的生活。而在他有远见，有智慧，能够热心工作。""真说得对，孩子，"父亲答道，"但是你要知道，我们奋斗的对象不单是人类，而且是环境，环境这个东西就不是容易克服的了。我相信你知道，倘若你没有了接济，你的统治就会维持不住啊。""是呀，"赛拉斯答道，"所以赛阿克萨利斯不管我们有多少人去，他都在为我们备办一切呢。""孩子，"父亲说道，"你的意思真是说这次远征全靠赛阿克萨利斯来接济你吗？""是的。"赛拉斯答道。"你知道他有多少接济给你吗？""不知道，"他说，"我不能说我是知道的。""然则，"他的父亲接着说道，"你还是打算倚赖你所不知道的接济吗？你是不是忘记了一朝的花费就很大，更不必说到一天的用度？""啊，不是，"赛拉斯说道，"那我是很明白的。""好，"父亲说道，"倘使你们的花费赛阿克萨利斯供给不起，或者假定他根本就是存心骗你，那么，你的兵士怎么办呢？""那当然很糟糕，"他答道，"父亲，请你告诉我吧，倘若我们置身友邦的时候，你知道我自己能够得到什么接济吗？""你想要知道你们自己能够在什么地方得到接济吗？"父亲反问道，"除了当地有权力的人以外，谁能够找到那些接济呢？我们给你的这支步兵，我相信即使别人拿加倍的兵力来，你也是不肯调换的；此外你还有密提阿的骑兵来援助你们，那是全世界最优秀的骑兵。我料想我们四邻的国家谁也不敢不伺候你，因为他们不是想要得到你的欢心，就会怕要受到你的灾害。这是你所应该格外当心的，你应该同赛阿克萨利斯协力同心，不要使得任何你所必要的东西感到不足，此外为养成习惯起见，你应当想出接济自己的方法。你最应该记住下面这条格言——不要事到临头再找接济，早些充分预备，才能应付危难。你在给养并不缺乏的时候，才能从你所必需倚靠的人们得到较好的待遇，你的部下才不会责难你。这样你就可以更加受到大家的敬重；你的军队如果能够得到他们所要的一切，你在援助友军或者攻击敌人的时候，他们便更加肯卖力气；你的为善或作恶的力量愈大，你说话便愈有力量。"

"是呀，父亲，"赛拉斯说道，"我觉得你说的话全对，尤其是照现在的情形看来，我的兵士对于我所允许给予他们的报酬，谁也没有一点点感激的意思，所以我更觉得你的话有道理。他们很明白赛阿克萨利斯向我们求援的条件。但是他们如果得了额外的好处，他们就会看作一种自由的奖赏，大约因此就会十分感激给予那种好处的人。""对呀，"父亲说道，"实际上一个人统率的军队，去援助他的友军，向敌人报仇，却不注意他的军队的给养问题，那不是等于一个农夫有了田地与人力，却让他的土地荒芜不治一样没有光彩吗？"

"我决不会忽视这种问题的。"儿子答道，"无论在友军的地界或是在敌人的地界，你可以信任我，我对于自己的军队的一切给养是永远要尽我的力量的。"

"好的，孩子，"父亲又说道，"你还记得别些为我们所同意的，认为不可忽略的事情吗？""我怎么会不记得呢？"赛拉斯答道。"我记得那个教员据说教了我的统帅学，我问你要钱给他，你把钱给了我，但是问了我许多问题。'孩子，'你说，'这位你要给钱的教员讲到一个统帅所应该懂得的事情的时候，提到了经济问题吗？兵士和家里的仆人是一样的，他们是要靠接济的啊。'那时我不能不把真情告诉你，说他对于这个问题从来没有提到过。于是你又问我，看他讲没有讲到健康问题，因为一个真正的统帅对于健康问题也应该和战略同样的注重。那时我又不能不说没有，于是你再问我，看他是不是告诉了我一些对于战争最有帮助的技巧。这次我还是不能不说没有，于是你便问我，看他是不是告诉了我怎样去激动我的兵士的热情。因为，你说，无论做什么事情，做得有精神和做得没有精神的分别是最大的。这回我仍旧是摇头，你却仍旧继续考我：这位教员难道没有注意到军队服从的重要或使得他们服从的最好的方法吗？最后，你知道他连这一点点都完全没有注意到，你便叫道：'然则你的教员教你的统帅学教了些什么东西呢？'对于这个问题，我终于给出了一个积极的答案：'他教了我的战术。'于是你微笑了一笑，一桩一桩的数道：'没有给养，没有健康，没有纪律，没有帮助战争的技巧的知识，请问单单战术有什么用处呢？'因此你就告诉我，说战术、演习和操练在统帅学里面不过是小小的一部分，后来我问你，看你能不能够把其余的教给我，你便叫我去见那些有名的将军，去和他们谈话，从他们的谈话里面学习每件事情的做法。于是我便去结交了一切我所认为在这方面有权威的人们。至于我们现在的给养问题，听说赛阿克萨利斯打算给我们预备得很充分，关于军队的健康问题，因为我早知道了凡是看重健康的城市里面都雇得有医官，凡是关心兵士的统帅们都带得有医务人员，所以我一就职的时候，我立刻就注意到了这个问题：我可以自负地说，父亲，"他接着说道，"我身边将有许多极有本领的内外科医生呢。"父亲对他的答复是："好的，孩子，但是这些极有本领的人充其量也不过像一些缝补破衣服的裁缝啊。兵士病了，你的医生可以把他们治好，但是你自己对于他们的健康的关切却远不应该以此为限呢，你的主要的目标是使你的部下根本不害病。""父亲，请问，"赛拉斯问道，"我怎样才能做到那种境地呢？""好的，"卡姆拜西兹答道，"我想如果你在一个地方长久停留，你就要竭力选择一个健康的地点去安扎营幕，这是只要你肯留意就不会找不到的。我们知道，人们总是谈论什么地方合于健康，什么地方不合健康的，而且他们自己的容色和身体状况就是最明白的证据。不过你不要以为选定了扎营的地点就够了，你还要注意你自己的健康。"好，"赛拉斯说道，"我的第一条规矩就是不要吃得太饱，因为过饱是最压迫身体的；我的第二条规矩就是把吸收到体内的东西都由运动使用出来；我觉得这就是得到健康、得到壮健的最好的方法。""孩子，"卡姆拜西兹答道，"不过你也要把这些规矩应用到其余的人们的身上才是。""什么！"赛拉斯说道，"你觉得兵士们也能节制饮食，也有功夫运动吗？""不单是能够，"父亲说道，"而且是必要。因为一支军队如果要能完成它的使命，它便得时时在攻击与自卫中过日子。一个人懒惰就很难得支持，一个家庭更难，一支军队尤其最难。军队里面要吃的人多，可花的钱少，耗费又大；所以一支军队是决不能够闲着不做事的。""然则照你的意思说来，"赛拉斯答道，"一个懒惰的统帅是和一个懒惰的农夫一样没有用处的了。至于一个勤劳的统帅，我现在在这里可以替他答复你，他叨上帝之助，他可以表明给你，他的军队有了一切必需的东西，他们的身体也都达到了应达的境界。并且我觉得，"他接着说道，"我知道一种方法，一个将官很可以用来训练他的兵士，去学习战争中的一切事情。他可以发起各种的比赛，悬出奖赏；这样一来，技术的标准就可以提高，他的军队不久就可以凭他的调遣，去做任何需做的工作了。""这是再好不过的，"父亲答道，"你就这样做吧，这你就准可以使你的军队在操演的时候觉得很快乐，如同是在跳舞场中合伙唱歌一样了。"

"至于激发他们的热情一层，"赛拉斯接着说道，"我觉得最好的办法恐怕莫过于燃起他们的希望心吧？""对呀，"父亲答道，"但是单单利用希望心就像一个猎人永远空口嚷嚷，去激动他的猎狗一样。最初，猎狗当然很热切地响应，但是它们一再被欺之后，一旦即使真正见了野物的时候，它们就会不响应了呢。希望心也是一样。一个人如果时时无故激起别人的期望，后来真正有了希望的时候，他便只好对着那个好消息白嚷一气了。他自己若是没有十分把握就最好不要说得太确切；他可以叫别人去代表；他应该保留自己的发言，留到极危险极紧迫的时候再用，不可把自己的信用浪费掉了。"

"天呀，这真是一个了不得的指示！"赛拉斯叫道，"这就正合了我的意思！至于使得兵士服从纪律一层，我希望自己已经有了一些训练：我从小就受了你的教训，教我服从你，后来你又把我交给教师，还是一样的教我，再后我们长成了青年人，监督们对于服从一层又是再注重不过了的。我觉得我们的法律的本身就包含了两个教训——'既要能令，又要受命'。我一研究此中的秘诀，我就觉得真能使得人家服从的原因是因为服从便可以得到称赞与荣誉，而不服从则必定受到羞辱与指责。""孩子，"父亲说道，"你说的是达到强迫服从的方法。但是此外还有一种达到一个更高贵的目标的更简捷的方法，这是志愿的服从。人类每逢自己的幸福受了危险的时候，他们就乐于去服从比较自己更有智慧的人。这是你可以从各方面去证明的：你知道，一个人害了病就会祈求医生给他指导，一般的乘客都服从一个船长的指挥，一群旅行家都愿意跟随比自己知道路途的人去走路。但是如果大家觉得服从的结果会逢到灾难，那么，惩罚、劝说、奖赏等等办法便都不能够引起他们的热心了。因为谁也不会接受别人的引诱去毁灭他自己的。""你的意思是要我知道，取得部下服从的最好的方法是使他们觉得自己比他们的智慧高超吗？"赛拉斯说道。"是啊，"卡姆拜西兹说道，"我相信是这样的。""然则有什么获得这种名声的最简捷的方法没有呢？"赛拉斯问道。

"孩子，最简捷的方法是：当你想要显得有智慧的时候，你就真要有智慧。你不妨多方考察，你便可以知道我这句话是不错的了。假如你希望别人把你看作一个有本领的农夫，一个有本领的骑师，一个有本领的医生，或者一个有本领的弄笛者，或是任何其他一种有本领的人，但是其实你并没有真实的本领，那么，你且想想，你便须得想尽多少方法，设尽多少计策，才能维持你的面子！万一你真因此得到了别人的称誉，万一你在你的职业上面装腔作势得到了虚名之后，你想结果怎么样？最初你是施弄欺骗，得到了成功，但是考验一天一天的到来，欺骗是终于要被破获的。"

"但是，"赛拉斯说道，"一个人如何才能真个得到他所需要的智慧呢?"

"孩子，很明显的，如果某种智慧是可以从学习得到的，你便应该去学习，如同你学习步兵操演一样，但是如果某种智慧不是含生之伦的人类所可学习的，或者不是他们所可预知的，你便只有采用占卜的方法，去和神明交接，以期自己较之别人更有智慧而已。但是你无论知道有什么应该要做的事，你便应该去做，而且应该谨慎地去做；因为有智慧的人的标记是谨慎，不是疏忽。"

赛拉斯说道："得到部下的爱戴——我认为这是最重要的——的途径是展开给一切希望取得朋友们的爱戴的人们的，我的意思是说，我们应该使他们知道，我们对于他们是有好处的。""对呀，孩子，不过我们对于我们所愿帮助的人，要使他们时时实际得到好处不是常常可能的；只有一个办法是可以办得到的，那就是同情；他们快乐的时候要与他们表示同乐，他们遇着忧患的时候要给他们分担忧愁，他们有了困难的时候要给他们帮助，要替他们担心灾难，要以自己的远见给他们预防灾难——这才是志同道合的真正表现，不是实际的好处。打仗的时候也是一样；战争如果是在夏天，做统帅的人便应该表示心愿多冒暑热，如果是在冬天，他便应该表示愿犯风霜，此外一切劳苦的工作他都应该勇于担负。这样就可以使得他的部下爱戴他了。"父亲，"赛拉斯说道，"你的意思是说，一个统帅的身心随时都要比他所统率的部下更能耐劳吧。""是的，孩子，我的意思正是这样，"他说道，"不过你要明白：一个高贵的领袖和一个普通的兵士身体虽是一样，然而痛苦却不相同；因为领袖能够得到荣誉，觉得自己的一切行为都能为公众所知道，所以他的痛苦总是可以因此减轻的。"

"但是，父亲，假如有朝一日，你知道你的军队有了充分的给养，兵士们的身心很健康，极能忍耐苦劳，娴于战术，爱好荣誉，而又急于一试锋芒，愿意服从命令，你是不是觉得最好即刻找个机会去打仗呢？""倘若你有致胜的把握，那是一定的，"父亲说道，"不过在我自己说来，如果没有这种把握，我觉得我愈占上风，我的军队愈是有力量，我便愈应该小心谨慎，正同我们把最大量的钱财藏在最安全的地方是一样的道理。""但是一个人怎样能有把握，说自己一定可以致胜呢？""唉，你问的是一个最重要的问题，"父亲说道，"我可以告诉你，这不是一件容易的事情。你所说的统帅如果要想成功，他便得是一个大阴谋家，一个诡计多端、才智纵横的国王，一个骗子，一个贼，一个强盗，各方面都要能够欺过他的敌人才行。"

"天呀！"赛拉斯说道，他不禁笑了起来，"难道你希望你的儿子变成这样一种人吗？""我希望他变成一个世上最公道、最正直、最服从法律的人。"父亲说道。"但是为什么你在我们小时候、年轻的时候所给的教训和刚才所说的恰恰相反呢？"他的儿子说道。"唉，"父亲说道，"从前的教训是为对待朋友与同胞而发的，在对待朋友与同胞方面，那些教训现在仍旧是合适的，但是以对付敌人而论——难道你不记得你也学会了怎样去加害他们吗？"

"没有，父亲，"他答道，"我应该说当然没有。"

"然则你又何必学射击？何必学掷枪？何必学

捕野猪？何必学用绳索与蒺藜去陷公鹿？你打狮子，或熊，或豹子的时候又何以不在平等的情形之下去打，而要暗地里占些便宜？难道你还能够否认，说这种种办法不是阴谋，不是取巧，不是贪吝吗？"

"我们对付野兽当然应该这么办，"这位青年人答道，"但是对付人类就不一样了；我知道我若是有了一点点欺骗别人的意思，我就会受到一顿重重的鞭挞。"

"是呀，"父亲说道，"因为那个缘故，所以我们不让你用箭去射人，不让你拿枪去掷人；我们只教你去打靶。但是我们为什么要教你打靶呢？我们的目的不是使你能够伤害你的朋友，那时或现在，我们的目的是在使你打仗的时候能有把活人当作靶打的技巧。所以我们又教给你欺骗、取巧等等技巧，不过自然是在禽兽身上教给你，不是在人类身上，我们的意思决不希望你用这种本领去对付你的朋友，只是希望你在打仗的时候不是毫无经验而已。"

"但是，父亲，"赛拉斯答道，"假如助人与害人都是我们所应该学习的，那么，岂不最好都从实际实行去学习的好吗？"

于是父亲说道："孩子，据说在我们的祖先的时候，世上的确曾经有过这样一个教员。他教孩子们学公道，用的便正是你所建议的方法，他教孩子们说谎，又不要说谎，欺骗又不要欺骗，诽谤又不要诽谤，贪吝又不要贪吝。他把我们对朋友与对敌人的态度分别得很清楚；并且他还更进一步，他告诉大家说，如果为得朋友的好处，就是欺骗朋友，或是偷去朋友的财产也是正当的。因此他就必得教导他的学生，叫他们把他所教的彼此照样去实行，正同希腊人一样，教孩子们在扑击学校里面学习击剑，学习角力叫他们实行互相击扑，这样去训练他们。后来他的学生当中有些极会欺骗，极会巧夺的人，也许对于赚钱也很爱好，于是对于朋友们也不客气的玩起手段来了。因此后来就出现了一种我们现在还在遵守的不成文法，叫我们用教导仆人的方法去教导我们的孩子，简简单单地，严格地，不准他们说谎，不准欺骗，不准贪婪，如果他们犯了，便要惩罚他们，希望他们变得仁爱，变成服从法律的市民。但是一旦孩子们像你一样到了成年的时候，危

赛拉斯的教育（节译）

险便算是过去了，这时就可以把合法的反抗敌人的方法告诉他们了。因为到了你这种年龄之后，我们相信你是不会向你的从小相爱相敬的伙伴们去撒野了的。同样，我们对于年轻的人也不谈到恋爱的神秘，因为假如在他们的欲念之上再去加上放纵，他们的热情便会泛滥得毫无止境了。"

"那么，父亲，"赛拉斯说道，"你要记得，你的儿子在这种自私的学问上面是个落伍的学生，你要尽力教教我，使我能够欺倒我的敌人才好啊。"

"好的，"父亲说道，"无论敌人与你自己的军力如何，你都应该用计策，设方法，要在敌阵凌乱而你整齐，敌人未备而你已备，敌人已睡而你未睡，或是敌人已为你所看见而你未为敌人所见，或者敌人困于崎岖的地形而你藏在堡垒里面，便于迎头痛击的时候去乘机攻击你的敌人。"

"但是，"赛拉斯问道，"我怎样能够在这种种错乱之中去捉住他呢？"

"因为你和他都不能不常常置身这种境地；你们都不能不进食；你们都需要睡眠；你的部下早晨必

得出去大解，无论道路是好是坏，你也不能不去利用。这种种需要你都得记住在心里，一旦你的处境较弱，你就最应该用心防备，一旦你的敌人可被攻击，你就应该去攻击。"

于是赛拉斯问道："一个人只有在这种种情形之下才能实行取巧的大原则呢？还是此外还有别的情形可以实行呢？"

"啊，此外还有许许多多；事实上这种种简单的情形是任何一个统帅都知道有防备的必要的，他知道这种必要。但是真正说到诈术，说到最大的诈术，那就要能够诱敌深入，使他毫不防备，自己不妨假装溃逃，让敌人前来追赶，等到敌人追得阵势已乱，遇了困难的地形，然后对他加以攻击。你是一个热心向学的学生，你不应该以所学的功课自限，你应该使自己成为一个创造者，一个发现者，应该自己去发明攻击敌人的新战术；正像一个真正的音乐家一样，不因学了一点音乐的基本知识，便觉得自满，而应更进一步，自己去编制新的乐歌。假如音乐上最受欢迎的是新颖的曲律，是花般的新鲜，那么，军事上最新奇的计策便更是最高的成就了，理由很简单，因为你能因此得到最好的机会，去赛过你的敌人。但是我仍应说，孩子，你只要采用日常对待最小的动物的办法去对付人类，你在这种取巧的技术上面便算有了相当的进步。你自己有没有同感呢？你设阱陷鸟的时候，严冬也得半夜起身，冒寒出去；你的网罗在鸟儿还没有出巢以前便已安好，你的足迹也已完全隐藏起来，你有一些受过训练的鸟儿，替你去诱陷它们的同类，你自己便藏在一个隐蔽的地点，能够看见外面，但是不被外面所看见，此外你还富有经验，鸟儿到了网里便急急地把网收下，不让它们飞走。你也许出外猎捕野兔，你便有两种猎狗，一种猎狗用嗅觉去把野兔寻觅出来，因为野兔在黄昏吃了东西，白天便回到兔窟去了，另外一种猎狗则用来截住它的逃脱，去追它捕它，因为这种猎狗跑得非常之快。即使它逃脱了猎狗，它也逃不了你；你心里记住了它的一切窟道，和它的一切藏身的处所，你可以在那些地方安好网罗，使它不容易看见，一旦它急急地奔去的时候，它便陷入了你的陷阱。此外你为十全算准它起见，你还派定了人在那里守望，它一陷入罗网，立刻便把它捉住。同时你又在它后面追赶，大声吓它，使它心慌意乱，因此被你捉住，而前途你又教你的部下在埋伏着，一点没有声息，一点不动弹。我的意思是说，倘若你能够采用这种办法去对付敌人，你不久便没有敌人需要对付了，除非我是大大的错了。即使有时候你不能不在旷野之中与敌人平等作战，孩子，你那些早已学会的，使你制胜敌人的技巧还是有力量的。这种技巧包括你的部下的身体的锻炼、勇气的激发和一切战术的娴熟。有一件事情你应该永远记在心里：就是你若希望你的部下服从你，你就要记得你的部下是希望你给他们打主意的。所以你千万不可轻心大意：假如是在晚上，你便应当计划军队白天做什么；在白天便要计划晚上最好怎样去安排。至于其余如何布阵，如何在白天或晚上沿大道或小路，经过山地或平原去行军，如何扎营，放哨，如何应敌或避敌，如何通过敌人的城池，如何攻击或回避敌垒，如何越过江河峡道，如何应付敌人的骑兵、投掷手或弓箭手，你的军队在成纵队进行的时候突然遇了敌军，要如何办法，如何去对待，你的军队在排成方阵的时候敌人从两侧或后方进攻，如何展开队伍，如何侦察敌方的行动而不使敌方知道自己的秘密，那你用不着我来告诉你了；这些事情你都不必再要我说了；我所知道的关于这些事情的知识，你是早已听到过多少次数了的，我相信你也没有忘记去请教这种知识的别些权威。他们的学说你都知道，我认为现在只待斟酌环境与你的需要去实行罢了。但是，"他接着说道，"我还有一个教训要告诉你，这是一个最重要的教训。你要记得祭祀，要注意兆头，如果兆头不吉利，你便不可使你的军队去冒险，自己也不可去冒险，因为你要记得，人类的事业全是瞎碰的，他们并不真正知道如何才能得到幸福。这你可以从一切人生与历史上面观察出来。历史上有许许多多的国家都因受了那些自命为最有智慧的人们的怂恿去从事战争，结果反而完全被对方毁了！历史上又有许许多多的政治家，他们帮助某一个国家或者某一个领袖去得到权力，结果自己反而吃了那些国家或领袖的大苦！历史上更有许许多多的人们，本来是可以把别人看作朋友，看成平等的人，好好款待他们，并且可以从他们得到好好的报答的，但是他们要把别人当作奴隶，结果自己也得了应得的报应；此外还有许许多多的人，不安本分，想要支配一切，结果也反而连本来所有的东西全都损失掉了；此外更有许多祈求财富，并且得了财富的人，结果终为财富所毁。人类的智慧太小了，并不知道如何选择最好的方法，正与一个只凭抽签决定行动的个人是一样的没有把握。但是，孩子，永在的神明就不然了，他们知道一切事情，他们知道过去、现在、将来的一切事情和它们的一切结果；我们人类如果肯去向他们求教，得到他们的喜悦，他们就会指示我们，告诉我们什么是应该做的，什么不应该做。神明对于一切人类并不平等地用他们的智慧去庇佑，这也是不足为奇的；我们不能强迫他们保佑大家，除非是他们心甘情愿。"

　　《莉娜及其他》收集了三篇内容不同的作品，其内容对教育的关注高度一致，这种一致把三篇文字连接成一本表达教育理想的著作，译者傅任敢先生用心良苦。

　　第一篇《朱丽叶》，节选自卢梭的书信体小说《朱丽叶》/《新爱洛伊丝》(*Julie*; *ou, La Nouvelle Héloïse*)。该小说发表在 1761 年，先于其代表作《爱弥儿》一年。

　　小说由 163 封信组成。书名借用了 12 世纪少女爱洛伊丝和她的老师阿贝拉尔的爱情悲剧。小说讲述的是女主人公朱丽叶（今译"朱莉"）和她的老师圣普乐相恋而未能如愿的爱情悲剧。作者试图通过以纯洁的爱情建立美好家庭，进而建立良好社会的愿望和信念，表达一种社会理想——要使人成为善良的人，就要有个良好的社会秩序；只有从爱美德开始，树立起良好的德行，人类社会才能成为合乎自然秩序的社会。

傅任敢先生所译《朱丽叶》选用了第五卷第三封信，集中探讨了儿童教育问题，详细记录了"我"与佛尔曼夫妇（今译"沃尔玛夫妇"）关于两种儿童教育观点的争论：佛尔曼夫妇认为孩子要顺应自然成长，要把儿童当成儿童，成人不应过早地将理性强加于儿童教育，儿童不是在人为的模型里铸成的；而"我"则认为孩子的心智养成于教育，从出生起就以规范的楷模匡扶孩子的天性。朱丽叶对自己自然教育观的叙述，得到了丈夫佛尔曼的支持，也说服了"我"。读者也一定会有自己不同的感受。

第二篇《莉娜是怎样学会读书写字的》，傅任敢先生选取了福禄贝尔一部教育文艺作品——《幼稚园教学法》的第十五章。这是充满家庭之爱和幼儿园之爱的幼儿教育幸福的合奏。莉娜六岁了，离开幼儿园了，父母还有她的叔叔在家里关心她，爱她，帮助她，宁静地倾听她真诚而稚嫩的想法，引导她从用小木棍拼摆字母开始学习写字，鼓励她学习写信与在外的爸爸交流。在构筑共同情感的快乐的过程中，莉娜健康地成长着。她返回幼儿园，受到幼儿园的欢迎。小朋友们要她用木棍摆拼自己的名字看看。"对啊！"幼儿园的园丁说道，"她宁静地在听取孩子们的谈话。这时她开始相信孩子们是可以不自觉地互相教导，愿意互相学习的。"这里福禄贝尔用"园丁"来称呼幼儿园教师。幼儿园的园丁也是宁静地在听。不论是在家里还是幼儿园，都只有大人宁静地倾听，绝没有呵斥和无视；只有父母和老师对儿童的好奇的保护和循循善诱。他们为什么能这样做？因为这些老师和父母有对儿童深深的热爱与了解。父母和老师对儿童的共同情感，对于儿童的健康成长至关重要。

　　只有家庭和幼儿园、学校的合作才是真正有效的教育。父母承担起教育的责任，并且掌握一定的教育理念、心理学知识，学会观察分析幼儿的状态，

跋

配合幼儿园或学校，培养与儿童共同的感情，按照儿童的年龄和心理发展顺序，逐步地迎来儿童一次又一次新的成长。这也许就是傅任敢先生选取这部分翻译的意义吧。

第三篇选自色诺芬的《赛拉斯的教育》(今译《居鲁士的教育》)。这本书不是实践性的记叙，而是一种社会理想的表达。作者通过对居鲁士大帝的成长与其丰功伟绩的描述，证明拯救政治危机的途径是王者必须接受必要的教育，且具有率先垂范的道德修养。

这是西方第一部教育政治小说，开启了教育与理想国文学系列创作的先河。而后，莫尔的《乌托邦》、康帕内拉的《太阳城》、卢梭的《爱弥儿》、裴斯泰洛齐的《林哈德和葛笃德》等相继出现，影响巨大。色诺芬的这部著作写作年代久远，内容繁杂，有一定的理解难度。早在罗马共和晚期，读者已感到这部作品过于庞杂，难于读懂。好在傅任敢先生只选取了集中于教育的一小部分与我们分享，减少了我们由于对历史的陌生而产生的困扰。

在古希腊城邦危机日益凸显时期，同是苏格拉

莉娜及其他（教育散译之一）

底门生的色诺芬和柏拉图从不同角度提出了不同的社会理想。柏拉图以培养"哲学王"作为他实现理想国的最终途径。色诺芬则不同，他在《居鲁士的教育》中首先重视的是教育对塑造良好统治者的重大影响。他关注如何在理想的王政下推行社会道德教育。作品中的核心人物居鲁士大帝是一个对社会进行理性管理与德化教育的完美君主，他其实是一个历史真实人物加上色诺芬的理念加工造就而成的。色诺芬通过该部作品强调，道德教育的推行者必须是一位理想的政治领袖，民众必须乐于接受他的领导，并且这种教育必须在贤明法度的规范下才能顺利开展。把政治与社会化教育互为表里，是理解《居鲁士的教育》，理解傅任敢先生所节选部分的观察点。

色诺芬对居鲁士的叙述主要是想强调，居鲁士大帝作出了自律的表率，从而促使全体臣民去努力追求这一美德。根据色诺芬的观点，自律是可以通过道德教育培养的优秀品质；通过以身作则的垂范作用教育民众学会自律，乃是居鲁士大帝等贤明君王应尽的义务。

跋

《居鲁士的教育》内容的丰富程度显然不是三言两语能够交代清楚的。《居鲁士的教育》主要讨论的是政治生活可能存在的基本组织形式。在这一意义上，它是与柏拉图《法律篇》、亚里士多德《政治学》性质相近的政治学著作。

　　以上三篇文字的不同作者都重视教育，但所谈的教育是不同的，有幼儿教育、学校教育，也有国家统治者的教育；所重视的教育目的也迥然不同，前两者是为理想的现代国家培养理想的儿童，后者则是作者为古代理想国当政者设计的教育。不管怎样，这三部作品都能开阔读者的视野，帮助我们增加教育知识，加深对教育的理解。

　　是为跋。

王长纯*

2021 年 1 月 28 日于北京

* 作者系首都师范大学教授，全国教育科学规划比较教育学科组成员，教育部人文社会科学重点研究基地北京师范大学比较教育研究中心学术委员，东北师范大学兼职教授，原首都师范大学教育科学院院长。

莉娜及其他（教育散译之一）